Ⓢ新潮新書

飯田浩司
IIDA Koji

「反権力」は正義ですか

ラジオニュースの現場から

JN018352

846

新潮社

はじめに

２０１９年５月８日、滋賀県大津市の交差点で信号待ちをしていた保育園児の列に車が突っ込み、２人が死亡する事故が発生しました。その日のうちに保育園が開いた記者会見で、泣き崩れる園長に一部記者が、事故の責任の一端が保育園側にあるかのような質問をしたことで、ネットを中心にその無神経さが批判を浴びたのは記憶に新しいところです。

これはマスコミがその取材手法から記者会見での質問内容まで、オープンに評価されるようになった典型例です。マスコミの中にはいまだにネットを下に見る人が多く、「はいはい、またネットの連中がマスコミ叩きやってますね」くらいに軽く考えているのかもしれませんが、果たしてそれでいいのでしょうか？

マスコミの自意識とは関係なく、もはや誰もマスコミを上には見ていません。ジャーナリストの佐々木俊尚氏が「マスコミも晒され評価される時代」と論じたように、すでにマスコミは特別に正しいとされるような存在ではなくなっています。そうなれば、マスコミによる報道も昔のままで良いはずがあるまい、と強く思うのです。

例えば、「マスコミの使命は権力と戦うことだ」という意見をよく聞きます。実際にニュース番組をやっているとそうした趣旨で論されることもあります。

なるほど、国が進むべき道を誤りそうなとき、マスコミが警鐘を鳴らすべきだという意味では完全に同意します。ならば、報道に携わる人間は政策についてよく学び、国民への影響、メリット・デメリットを是々非々で評価すべきなのではないでしょうか。

ところが、マスコミの中では多くの場合、「是々非々＝権力寄り」と評価されてしまいます。実際に私個人や番組も、少しでも政権について肯定的な考え方を伝えると、そうした評価をされてきました。なぜ是々非々が迎合なのでしょうか？

私は逆に聞きたくなるのです。

マスコミが考えるところの〝国の進むべき道〟とは、「権力の逆方向」に固定されているのでしょうか？　権力A（例えば政権）がBに変わったら、マスコミもそれに合わせて「権力Bの逆方向」へと主張を変えるのでしょうか？　と。権力が交代した瞬間に、マスコミの主張が大きく転換してしまうような変節を良しとするのでしょうか？　そんなマスコミが建前で考えたような「反権力」がいつも正しいことのように伝えられる――それっておかしくないですか？

「マスコミの使命は権力と戦うことだ」という言葉は本来、民主主義を守るために必要な倫理観によって調査報道を行うジャーナリズムの精神を体現したものと、私は理解しています。ところが、それがいつの間にか「権力と戦う自分たちの物語」にすり替わっているように見えてなりません。私は、この「権力と戦う」という言葉が本来の精神を失ってそれ自体が目的化し、マスコミ報道から〝是々非々〟という姿勢を奪い、自らを闘士に据えた陶酔の物語に引きずり込んでいるようにも見えてしまうのです。周りから見れば、もはやマスコミは特別な存在ではないのに。

一般の視聴者がSNSなどを通じて、時には専門家も交えながら活発に政策論を交わすこの時代にあって、遠い目をしながら「マスコミの使命は権力と戦うこと……なんだよね……」と具体性なく言われると、気恥ずかしさすら覚えてしまいます（このことについては後でまた触れます）。

マスコミは自分たちを物語の主人公に据えず、国民、すなわち読者、視聴者の生活を豊かにするというあるべき姿へと回帰すべきと思います。根本に立ち返って、自分たちの価値観や守るべきものを再構築すべきなのではないか？　そんな思いから、本書を書き始めました。

「マスコミの使命は権力と戦う」以外にも、本書では現場での取材をもとに、いわゆる報道的建前に縛られた通り一遍のことは書かないように心がけました。沖縄の基地問題、原発事故と福島の復興、日本経済、自衛隊等々について、ある種のマスコミ的な「模範解答」というものがあります。「沖縄の民意は圧倒的に基地反対」などはその代表かもしれません。「防衛力を増強することは戦争につながる」というのを「模範解答」としているメディアもあります。

しかし、その「模範解答」に含まれている「不正確さ」に受け手は敏感になっているのです。最初に結論ありき、「模範解答」ありきで報じているのではないか、と。

今の時代、読者、視聴者の生活を豊かにするためにマスコミが報道を通じて提供すべきは、「考えるための材料」だと思います。すなわち「根拠を示す」報道、「一次情報を必要以上に加工しない」報道、「誰の主張かクリアな」報道……一言で言えば、「透明性の高い報道」によって、視聴者や読者が純粋にニュースについて考えることが出来ます。

新聞が記事本文とかけ離れた見出しを作ったり、テレビがＶＴＲやＢＧＭにおいて実態を無視した過剰な演出をすることに、視聴者・読者はうんざりしていると感じます。

いずれアメリカのように、放送から公平中立基準を全面撤廃すべき、という議論が起こることもあるかもしれませんが、まず今マスコミに求められているのは、どう見ても中立と言い難い報道をしながら「１００％中立デス！」という実現不可能な看板を掲げ続けるより、中立的バランスを当然意識しながら「透明性の高い報道」を行う、という姿勢ではないでしょうか。

特に中立が求められる選挙報道においても、「放送の長さ」や「関係者全員に同じ質問を投げかけないといけない」とか、とかく形から入ろうとしてしまいます。放送を作る側もその「形」から外れることだけを極端に恐れ、たとえば他愛のないトーク番組の中で政党名が出るだけでパニックになったりします。しかしながら、そうした自主規制が実は自分たちの首を絞めているという鋭い指摘が放送業界の身内からも出てきているのです。

ＢＰＯ（放送倫理・番組向上機構）の意見書「２０１６年の選挙をめぐるテレビ放送についての意見」では次のように述べられています。

「テレビ放送の選挙に関する報道と評論に求められているのは『量的公平』ではなく、政策の内容や問題点など有権者の選択に必要な情報を伝えるために、取材で知り得た事実を偏りなく報道し、明確な論拠に基づく評論をするという『質的公平』だ」

報道の根本の精神は論点を明らかにして議論に資するものにし、その結果として健全な民主主義の発展に資するものであることです。この本では、様々なテーマについて、私が取材した内容を交えながら、私なりのニュースの見方をまとめました。いずれもこの8年、自分自身で現場に向かい、現地の声を聞いたことがベースになっています。

当然、私の至った結論と異なる意見の人もいるでしょう。人それぞれで意見が異なるのは当然のことです。ただ、各テーマについて「私、飯田浩司個人の論考」と「そこに至った根拠（一次情報・取材体験など）の出処」については可能な限り明記したつもりです。私も放送局の人間なので、中立という目標を捨てるつもりは毛頭ありません。しかしながら、「透明性」をより重視してこの本を書きました。特に取材を通じた論考というのは、取材対象からの影響を強く受けます。そのために取材対象の幅を広げることが大事なわけですが、だからこそ「何（誰）を取材してその考え方に至ったのか」を可能な範囲ではっきりさせることが透明性を保つために必要なのだろうと思うわけです。

さらに言えば今後、取材や議論を通じて私の考えが変わることがあるかもしれません。実際、本書の中には、私の意見が変わった過程も書いています。意見が変わると「ブレている」と批判されそうですが、私はあまりそう思いません。意見を変えるという選択肢を放棄すれば、議論は論破だけが目的となって、意味を失ってしまうでしょう。だから意見が変わったのなら、隠さず明言する。それも含めての透明性なのだろうと思っています。

したがって本書が「ニュースの答えを示すものだ」などというつもりはありません。議論は、戦わせるものではなく、深めるもの。本書を読んで、色々なご意見を伺えれば幸いです。

（文中の肩書は基本的に取材当時のものです。また本書で述べているのは筆者個人の見解であり、会社を代表するものではありません）

「反権力」は正義ですか　ラジオニュースの現場から――目次

はじめに　3

本文中写真・筆者撮影
図版製作・ブリュッケ

1
基地問題に「分かりやすさ」を求めるな

単純化の罠

メディアの作る側も受け手も、ニュースに「分かりやすさ」を求めます。放送の現場でも「今日の放送は分かりやすかった」という評価は、ポジティブなものとして捉えられます。複雑な問題を専門家以外にも理解できるように解説する、それはメディアの役割の一つであることは間違いありません。

しかしながら、分かりやすさだけを追求すると、問題を単純化しすぎて視聴者をミスリードするリスクがあるのです。別の章で述べますが、国家の経済を「家計」に例えるパターンなどはその最たる例だと思います。

また、容易に解決策が見いだせない問題について、メディアが安易に分かりやすく伝えようとして単純化すると、かえって対立が深まるケースが見られます。まさにその一つが、沖縄の基地問題なのではないでしょうか。

「埋め立て現場の空撮」、「基地のゲート前で反対運動をする人々」、「〝反対という圧倒的民意〟を訴える県知事」……。こういった強い絵〝だけ〟で描かれる辺野古《へのこ》のニュースは、辺野古の住民のほとんどが米軍基地に反対で、日々反対運動に出掛けている印象を視聴者に与えます。人によっては、国が米軍と一緒になって強行する工事に、賛成派が利権のために味方をしている構図だとみている人すらいるかもしれません。そのくらい、東京で見る辺野古のニュースは「善と悪の戦い」のように単純化されて見えます。

しかし、現場で取材を進めると単純なストーリーでは表しきれない複雑な空気があります。その「現場の空気」をいかに放送や紙面で再現し、考える材料を与えるのかがメディアの役割だと思うのです。もちろん、先に挙げた「強い絵」は全て事実なので、限られた紙面・放送時間で、その絵の強さに頼りたい気持ちもわかります。しかしいま、メディアが伝えるニュースには「省略」「言い換え」「単純化」があまりに多く、大事な視点や論点が見落とされ、省かれ過ぎていると感じます。そんなメディアの報道によって「単純化された意見」や「極論」による強い対立が生まれ、元の問題が悪化、それをまたメディアが報じてさらにこじれるというスパイラルが、〝悪意なく〟起きていると思うのです。

「どちらでもない」という民意

２０１９年2月24日、沖縄県民投票が行われました。名護市辺野古沿岸部の埋め立ての是非を問うこの住民投票、投票率は5割を超え、投票総数の7割が埋め立てに反対票を投じました。反対票が投票有資格者数の4分の1を上回った場合、沖縄県知事が首相や米大統領に結果を通知するという規定の要件もクリア。翌日の全国紙の紙面は当然この県民投票の結果を一面トップで報じましたが、その見出しの書き方は真っ二つでした。投票総数の7割が反対であったことを重く見て「反対7割」と取る新聞もあれば、投票率約50％の中での反対票7割、つまり0・5×0・7で、反対は全体の3割強であったことを強調して報じた新聞もありました。前者が朝日・毎日、後者が読売・産経ということになります。見出しの取り方の違いは、この住民投票について、各新聞にとって〝望ましい結果〟に基づいて付けたからなのでしょう。そして、それは沖縄には「賛成派」vs.「反対派」による、抜き差しならない〝対立〟があることが前提になっています。

果たして本当にそうなのでしょうか？　では、県民投票の選択肢に「賛成」「反対」だけでなく「どちらでもない」が入ったのはなぜでしょうか？

「複雑な県民感情を反映」というように大雑把にまとめず、「どちらでもない」が入った理由に重きをおいて伝えることが、メディアがするべきことであったと思うのです。

「辺野古の声」を聞きにいくと

ここで私がかかわった番組のお話をちょっとさせてください。２０１２年の1月、ニッポン放送夕方のニュース番組「ザ・ボイス　そこまで言うか！（以下、ザ・ボイス）」がスタートしました。毎週月曜日～木曜日の夕方4時から1時間半、コメンテーターとその日に起きたニュースについて解説する番組です。

そして、この「ザ・ボイス」チームで制作した特別番組「ザ・ボイス　そこまで言うか！　スペシャル～辺野古の声～」が放送されたのは２０１３年12月30日。11月に行った住民へのインタビューを基に、普天間飛行場の移設問題を扱うという趣向でした。

それまでにも、２０１２年の沖縄本土復帰40周年式典、13年の普天間飛行場での米軍オスプレイ部隊編成式典、元沖縄県知事の大田昌秀氏へのインタビュー、辺野古や高江《たかえ》で反対運動を行うテントなど、様々な取材をしてきました。その経験から、地元メディアではない東京のラジオ局として、なにより辺野古に住んでいる皆さんの声をストレートに伝えたい、と思うようになり、名護市辺野古での取材を行ったのです。

その辺野古での取材の話をする前に、「普天間飛行場の移設問題」について経緯をまとめておきます。

沖縄県にある米軍基地の面積は、日本全国にある米軍基地の22・8%に相当します。これは北海道に次いで2番目の広さです。米軍の専用施設に限れば、実に全国の74・3%が沖縄県に集中していて、沖縄本島に至っては、面積のおよそ18%を米軍基地が占めています。

そのうち、宜野湾市にある普天間飛行場はまわりを住宅街に囲まれていて、騒音被害や事故の危険性が指摘されています。この普天間飛行場を別の場所に移そうと、日米政府が交渉した結果、1996年のSACO合意で移設先として挙がったのが「沖縄本島の東海岸沖」でした。SACOとはSpecial Action Committee on Okinawa（沖縄に関する特別行動委員会）の略で、沖縄にある米軍施設・区域にかかわる諸課題に関し協議することを目的として、前年の95年に日米両政府によって設置されました。

翌97年11月、政府が名護市辺野古への海上へリポート建設案を表明。ここにある米軍基地「キャンプ・シュワブ」に隣接する海を埋め立てて滑走路を建設し、普天間飛行場にいる海兵隊を移そうという計画が示されたものの、工事方法の検討に時間がかかったことや反対運動などによって、ずっと停滞していました。

２００９年には、政権交代直前の鳩山由紀夫民主党代表（当時）が普天間飛行場の移転について「最低でも県外の方向で積極的に行動したい」と表明したものの、民主党政権下でも調整は難航。翌10年5月には県外移設を諦め、普天間飛行場を名護市辺野古周辺に移設するとした政府方針を閣議決定しました。記者会見で鳩山総理は移設先を明記したことについて「代替施設を決めない限り、普天間の返還はない」と述べています。

その後、再度政権交代が起こり、第二次安倍内閣が誕生、２０１３年12月に沖縄県の仲井《なかい》眞《ま》弘多《ひろかず》知事（当時）は辺野古沖の埋め立てを許可しました。会見で仲井眞知事は埋め立てを許可した目的を、「普天間飛行場の運用を5年以内に止めるため」だと強調しています。そして辺野古に基地を建設するのは時間もかかるだろうから、結局は、県外に移設した方が早いという考えも示しています。

その後、２０１４年11月の県知事選で移設反対を掲げる「オール沖縄」の翁《お》長《なが》雄志《たけし》氏が仲井眞氏を破って当選。あらゆる手段で移設を阻止していくという公約通り、埋め立て承認を取り消し。これに対し国側も法廷闘争を繰り広げ、県側が敗訴。翁長氏が亡くなった後の知事選挙で玉城デニー知事が誕生。当初の計画よりもかなり遅れて埋め立てが開始されましたが、軟弱地盤の問題なども重なって、仲井眞氏が埋め立て許可の条件とした5年以内の普天間飛行場の運用停止は果たされずにいます。

辺野古にはもともと基地がある

普天間飛行場の移設先候補となっている辺野古は、那覇空港から車でおよそ2時間30分。沖縄本島の真ん中から少し北のあたりで東西にまたがる名護市の東海岸に位置しています。集落そのものは、1周するのに歩いて1時間もかかりません。そこでおよそ1800人の方が生活をされています（2019年3月末現在）。取材した2013年当時は1900人あまりの方がいるとされていましたから、あれから5年余りでおよそ100人が集落の外に出たことになります。日本の地方に共通する悩みですが、やはりここでも過疎化、高齢化が進んでいます。米軍の不祥事が起こる度に兵士たちの外出が制限され、もともとあった米兵向けの飲食店（詳しくは後述）などの不振もあり、人影もまばらな印象でした。

土地勘がないと「キャンプ・シュワブ」と「普天間から移設してくる施設」がごっちゃになるかもしれませんが、辺野古には「キャンプ・シュワブ」という名前の米軍基地がすでにあります。よく「辺野古に新基地を作る」といった表現をする方がいますが、これは明確な間違いです。現存するキャンプ・シュワブに隣接する海を埋め立てて、滑走路を建設して、普天間飛行場にいる海兵隊を移そうというものが今回の計画なので、「基地の拡張」というほうが正確でしょう。

沖縄県にある米軍基地の多くは、第二次大戦の沖縄戦から戦後の米軍統治時代にかけて住民から強制的に借り上げた土地に建設したものです。無理やり「土地を貸せ」と基地を作っていったわけです。1950年代には、このような米軍の横暴に対して沖縄県民全体が抵抗した、いわゆる「島ぐるみ闘争」がありました。しかし県民の抵抗は、米軍によって、蹴散らされます。宜野湾村（現・宜野湾市）伊佐浜や県北西部の伊江島では、ブルドーザーで家を破壊され、畑を奪われ、負傷者も多数出ました。

次の候補地に指定されていた辺野古の住民は、抵抗するよりも条件を付けて米軍と交渉した方が得策だと判断して、1956年、米軍基地を自ら受け入れることを表明。こうして59年に完成したのがキャンプ・シュワブでした。

元々辺野古は林業と農業が中心で、強い産業はありませんでした。しかし、キャンプ・シュワブの建設が決まってからは工事のために人が集まり、インフラ整備も進み、住民の方々が基地で働く雇用も生まれました。

当時の様子を知る辺野古の住民Aさん（男性）はこう振り返ります。

「基地（キャンプ・シュワブ）が出来てから、他所《よそ》から商売しに人が一杯来た。地元も潤った。来る前は金になるものがなかった。誘致の際には、伊佐浜のように銃剣とブルドーザーで蹂躙されるよりは、電気水道を入れてもらうなど条件付きで基地を受け入れる方がいいという判断をした。地元の人の反対は一人もいなかった」

Bさん（女性）はこんな話をしてくれました。

「工事の人夫たちなど雇用が増えた。自分もクラブで働いていた。キャンプ・シュワブで30年働いてきた。基地以外には働き口はなかった。基地で辺野古は非常に助かっている。平和は誰だって望むものだが、願っても雇用がなければ飯は食えない」

辺野古の経済的なピークは１９６０～70年代、ベトナム戦争の頃に訪れます。基地に近い場所に米兵向けのバーやレストランが80軒以上も並んだそうです。戦地に向かう米兵がばらまくように金を使い、お米を入れる麻袋がドル札で一杯になるほど辺野古の繁華街には人とお金が集まりました。

地元へのキャンプ・シュワブの恩恵には「軍用地料」もあります。

現在、沖縄県内にある米軍基地の土地のおよそ4割が住民の所有地です。なぜなら、先ほど説明した通り沖縄では米軍が住民から土地を〝強制的に〟借りて、基地を作っていったからです。基地として使用されているこのような土地に対して、日本政府から支払われている賃貸料を「軍用地料」と呼びます。沖縄県以外の米軍基地は旧日本軍の施設があった場所を使っていることが多いので、土地の所有者が個人というケースはあまり多くありません。したがって、米軍基地に個人への軍用地料が発生するというのは、ほぼ沖縄独特のシステムと言えます。

もちろん辺野古の住民全員が地主として軍用地料をもらっているわけではありませんが、軍用地料収入は現在の辺野古の経済にとって重要なものになっています。

辺野古とキャンプ・シュワブの50年以上にわたる結びつきは、経済的なものだけではありません。またいくつかの声をご紹介しましょう。

「この街には共存の歴史があった。米琉親善委員会を作り仲良くやってきた。私もその

一人だった。アメリカはこちらの要求を聞いてくれる。当時、日本政府に頼るということはしなかった」（Cさん・男性）
「辺野古では問題が起こらないよう、キャンプの副司令官に常に申し入れ、ハーレー船競漕、運動会など常に交流している」（Dさん・男性）
年に一度開かれる「親善委員会」を通じて、辺野古の人々はキャンプ・シュワブに直接、様々な申し入れをしています。この地域に入るな、ここでお酒を飲むな、などの他、学校の近くの道は通って良いけど立ち止まるな、などといった細かい申し入れもしていて、それをキャンプ・シュワブの米兵たちはちゃんと守っているそうです。そして、地域の運動会などに、米兵も「11班」という地元のチームのひとつとして招かれています。
このように、キャンプ・シュワブとの交渉や交流については、多くの人から「辺野古はうまくやっている」という自信の声が聞かれました。辺野古の嘉陽宗克区長も「米軍の言いなりではなく、言いたい事は言う。協議・交流しながら改善をしていくのが、辺野古のやり方だ」と言っていました。
64年前、「キャンプ・シュワブ」を自ら受け入れたのだから、キャンプ・シュワブと共存するための努力を続けることはある意味当然だ……辺野古の人たちはそう感じているように見えました。
ただし、普天間飛行場から移設させることについては、政府に対する厳しい声も聞かれました。
「政府は沖縄のことを考えておらず、押し付ければなんとかなると思っている。細かい説明、住民の気持ちを汲むなどしていない」（Eさん・男性）
「内地（本土）でも基地を作ろうとすると反対するのに、もっと反対意見が多い沖縄になぜ基地を作るのか。バカにしてる、差別だと思う」（Fさん・男性）
「国を守るなら他府県にも分散すればいいのに、沖縄に押し付けている説明もしてくれない。シュワブに反対しているわけではなく、これ以上基地はいらないと反対している。どうして沖縄だけ犠牲にするのか。ちゃんと説明をしてほしい。金を出せばいいと本土にバカにされている」（Gさん・女性）
「商売をしていると、『反対』と言ってしまうと客が来なくなる。賛成の人は意見が強いから。基地が無くなったら生活はどうするんだ、と言われると答えられない」（Hさん・女性）
賛成・反対を喉元に突き付けられ、否応なく対立の構図に巻き込まれて行ってしまう当事者の方々。5年前、辺野古商工社交業組合の会長を務めていた飯田昭弘さんは、二項対立の先に答えはないと、こう話していました。

「辺野古に（基地移設の）推進派はいない。条件を付けて容認しましょうと言う人しかいない。迷惑施設なんだから。条件付きであれば、80～90％まで容認。もし『戦争か平和か』と聞かれれば平和に決まっている。『賛成か反対か』と言われれば全員反対だ。だが我々が反対したからと言って米軍が出ていくのか」

また飯田さんは、基地移設の経済的メリットについて、「人口が増える事」を挙げていました。それによって辺野古も含めた周辺地域を発展させるのだと。辺野古とその周辺の3つの地区で1万人の経済圏を作り、雇用を作って若い人の定住を促していく――基地を容認した見返りはそうした街の発展のためにこそ使われるべきなのだと夢を語ってくれたのが印象的でした。

分かりやすさから切り捨てられるもの

辺野古が普天間飛行場の移設先として名前の挙がった1997年、住民たちは新たな施設の建設に反対の決議を出しました。しかしそこから長い時間が経ち、国策なら仕方がない、生活のためだからと「条件付きで移設を容認する人」、また、「キャンプ・シュワブは良いけど新しい基地の建設は反対」という人、あるいは「キャンプ・シュワブも含めたすべての米軍基地に反対する人」など、考えは様々に分かれていきました。

あまりに長引く基地移設問題が、辺野古の住民たちの関係も変えてしまったのです。取材では「基地のことは話したくない！」と言われ、取材を断られてしまうことが何度もありました。皆さん、辺野古という町で生活をされているわけですから、ご近所付き合いもあります。地域のつながりもあります。基地の移設問題がその関係にも影響しているのです。お話を聞けた方からも、これ以上、触れたくない、考えても仕方がない……早く終わらせてほしいという声がたくさんありました。以下、いくつかご紹介します。

「長く賛成・反対などもあって、あまり触れたくないというのが正直なところ。来ないなら来ない方がいい。しかし基地に頼っている人も多いので何とも言えない。地元の集まりでもそういう話は出ない」

「（移設されたら）生活に影響でるが、決まったからどうしようもない。（航空機が発着すれば）うるさいが、考えても仕方ないからあきらめてる」

「国策だから自分たちでいくら反対してもしょうがない。本土が受け入れてくれれば良いが、それはない」

「どっちでもいいから早くして。飛行場は出来ない方が本当はいい。観光で食えればいいんだけど」

「関心がないというより黙っている状態。最初は反対運動ももっと盛んだったが、長年続いているのに決着がつかないので、今はもうすべて名護市や辺野古区長に任せている」

「国に反対しながら生活するのは相当なポリシー、相当な労力が必要。基地は無い方が良い。でも地元の人は30年40年先の生活まで見据えて考えざるを得ない」

　あれから5年がたち、ますます地元の声が聞こえづらくなりました。メディアは相変わらず賛成・反対の二元論で問題を語り続け、地元の方々にも賛成・反対の刃を喉元に突き付けて選択を迫る。「基地問題に揺れる辺野古」「賛成・反対で真っ二つ」など、分かりやすい説明です。

　しかしながら、辺野古を取材し、その後の推移を見てきた者として、この二元論で零れ落ちてしまう思いのあまりの多さに驚き、おののきました。そして、賛成・反対の二元論に堕さずに真ん中の妥協策を模索する難しさもまざまざと見せつけられました。二項対立の末、県側は工事の中止以外の回答は敗北とばかりに反対を主張し、一方で政府側ももはや退くことは許されずと問答無用で工事を進めていく。双方のぶつかりあいの中で事態は硬直化し、辺野古の街はさびれたままで残される。地元のコミュニティも二つに引き裂かれ、住民の方々は口を閉ざす以外の選択肢を失っていく……。

二元論を入り口にニュースを二つに切り分けていくと、部外者でも全体を分かった気になることができます。しかし、そこには切り捨てられた現場の声があるのです。「どちらでもない」という声はニュースでは扱われづらい傾向があります。白黒はっきりさせるのが報道だ、という考え方が根底にあるのかもしれません。しかし、社会の問題であろうと、人生の問題であろうと、そう簡単に割り切れるものではないのではないでしょうか。「どちらでもない」人の存在や、その苦悩を伝えることもまたメディアの役目のはずです。

基地問題についての私見

本章の最後に、普天間飛行場の辺野古移設問題について、現時点での私の考えを簡単に記しておきます。

沖縄本島を車で走れば誰でも感じるように、その面積のおよそ18%を米軍基地が占めている現状は、明らかに「多すぎる」と思います。特に、普天間飛行場に関しては那覇・浦添といった中心部や本島北部へのアクセスが便利な土地であるということ。この、言わば本島経済の要を米軍基地で押さえられているというのは、健全な発展を阻害してしまっています。もちろん、周辺住民へのリスクもあります。

在沖米海兵隊に関しては、オスプレイやヘリコプター部隊は沖縄県内に、航空部隊は岩国やハワイなどに、揚陸艦は佐世保に、などと分散しており、緊急出動における戦闘力は微妙。軍事の専門家の多くは、現実的な抑止力は主に嘉手納《かでな》基地の空軍が発揮していると考えています。そして、そもそも論としては南西諸島やそれを囲む東シナ海の安全保障は、日米同盟をベースとしながら、自衛隊が中心となって担うべきと考えます。なんといっても我が国の領土・領海・領空なのですから。そのために沖縄の自衛隊を増強、日本版海兵隊を創設することにまで踏み込んで議論してもいいのではないでしょうか。

アメリカ軍の今後の展開としては、嘉手納基地の米空軍は現状維持。日米安保関係筋を取材すると、これは米側がもっとも求めていることでもあるようです。そして長期的には、米海兵隊はグアムへ移転し、キャンプ・フォスター、キャンプ・コートニー、キャンプ・シュワブ、北部訓練場、（移設していなければ）普天間飛行場は日本へ返還、その一部を自衛隊基地へ転換させ、在沖米軍の抑止力の一部を肩代わりさせる。さらに、地位協定改定の議論も米側と進めていく。

以上、長期的には米海兵隊の縮小・移転と自衛隊との交代、さらに地位協定の改定までをセットで、沖縄の負担軽減策として包括的に議論していくことが「あるべき姿」と考えます。

ただし当然、米海兵隊が沖縄から去ることとの意味は実際の抑止力の低下より大きく、周辺諸国への「誤ったメッセージ」になるおそれがあります。

周辺情勢は米海兵隊のグアム移転を許さない方向に変化してきています。言うまでもなく米中の覇権争いの先鋭化です。このタイミングで米海兵隊がグアムへ完全に移転することは、中国に対して、例えば、アメリカが台湾を諦めるという誤ったメッセージを送ることになりかねません。そうなれば、中国は間違いなく台湾に対して「一つの中国」を実現しようとするでしょう。中国にとって台湾問題は「核心的利益」に位置付けられている以上、黙って引くという選択肢はあり得ません。一方の台湾にとっても、自由と民主主義を失う危機に座して死を待つわけにはいかず、行きつく先は台湾海峡有事でしょう。それは、我が国の国益を大いに損ねる事態です。

また、米海兵隊が沖縄にいるということそのものが抑止力となって周辺国が手だし出来ないという「トリップワイヤー論」も依然として説得力のある理論です。さらに、自衛隊であっても「増強」には反対運動が行われる可能性も十分ありますから、調整の難易度で言えば「辺野古への移設」の比ではないでしょう。その意味で「長期的なビジョン」という点を強調させていただきます。

では、「辺野古」以外の選択肢はあるのでしょうか？　これについては、あらゆる選択肢が否定されたあげく鳩山政権が倒れた流れのとおりです。例えば元在沖米海兵隊政務外交部次長のロバート・D・エルドリッジ氏が提唱する「うるま市勝連半島沖説」や軍事評論家の小川和久氏が提唱する「キャンプ・ハンセン内説」について、軍事的な視点からは十分な説得力があるのですが、今から沖縄県内で辺野古以外の場所への移設というのが政治的に可能なのかは疑問があります。

考えが堂々巡りのようになってしまいましたが、以上を踏まえると、辺野古への移設は「極めて消極的ながら、まだまし」と考えざるを得ないところです。辺野古で計画されている滑走路が短く、普天間飛行場の完全な代替にならないとしても、他の選択肢では辺野古移設以上に時間がかかってしまい、その間普天間飛行場の危険は除去されずに残ることになります。もし「『まだまし』とはなんだ！　そんな妥協は許さない‼」と世論が辺野古移設に反対して移設が中止になれば、１９９６年のＳＡＣＯ合意以前に戻ることになってしまいます。

「辺野古新基地を造らせないオール沖縄会議」は、沖縄に米海兵隊は必要ないという視点から、辺野古移設の中止と、普天間飛行場の運用停止を求めています。その主張には、私の考える「あるべき姿」と共通する部分もある（自衛隊増強の部分は全く共通しないと思いますが）のですが、「それ以外の着地には全て反対」では、物事が前進しないと思うのです。

一方、辺野古の軟弱地盤改良工事も困難を極めており、こちらもこちらで時間がかかってしまうことが徐々に明らかになってきました。結果としては普天間飛行場の固定化の方向に進んでしまっています。そして、宙ぶらりんのままの辺野古や普天間に暮らす人々がどう思うのか。問題はより深刻化し、今も放置されています。

以上を考えると、徐々に在沖米海兵隊の役割を自衛隊に移行していき普天間を返還するのが理想ですが、それも情勢を見ながら長期プランで進める以外に方法はありません。辺野古を期限付きの一時的な米海兵隊の駐留地と位置づけ、訓練などは出来る限り別の自治体で肩代わりをし、規模や練度の状況を見て任務を自衛隊に引き渡し、米海兵隊は徐々にローテーション駐留に移行していくのが理想ですが、そうなるまでは時間がかかるでしょう。

「どちらとも言えない」「賛成じゃないんだ、容認なんだ」と苦悩する方々は、一方で日々の暮らし、経済的な側面に言及していました。負担をお願いする沖縄への財政的支援や、どうしたら渡した振興予算が上手く経済発展に結びつけられるか、人的な支援も必要なのかもしれません。

2　「軍靴の響き」ってもうやめませんか

すぐに戦前への回帰を心配する人たち

２０１８年の年末に政府は新たな「防衛計画の大綱」（防衛大綱）と「中期防衛力整備計画」（中期防）を策定しました。

その中で我が国を取り巻く安全保障環境の変化の速さと厳しさに対処していくために、従来の防衛大綱、中期防の延長線上ではない真に実効的な防衛力を構築する必要を強調。宇宙・サイバー分野にも言及し、「多次元統合防衛力」の構築を打ち出しています。

名指しこそしないものの、やはり念頭にあるのは中国の海洋進出。ということで、離島防衛のために宮古島・石垣島・奄美大島などで自衛隊の配備が進んでいます。

これに対して配備に反対する声もあります。もちろん、平和を守る方法論は人それぞれ異なりますから、それを否定するつもりは毛頭ありません。

しかしながら、「戦争のための自衛隊配備」、「迷彩服で通勤するな」といった批判は、さすがに現在の自衛隊が実際に行っている活動を見れば、古すぎるようにも思います。前者は「しんぶん赤旗」（2019年3月22日付）で、後者は「宮古毎日新聞」（同年3月27日付）で紹介された、いずれも宮古島への自衛隊配備に反対する団体の人たちの声です。

これは他の議論のときにも感じるのですが、例えば「安保法制によって徴兵制が復活」「共謀罪で戦前に戻る」など、全てを過去の戦争に結びつけて危機を訴えるのは、さすがに安易なのではないでしょうか。そもそも「自衛隊」イコール「戦争」あるいは「武力」という捉え方も、あまりにも一面的に感じます。

平成に入ってからは防衛という本来の任務以外にも自衛隊が活動する機会が格段に増えました。近年、各地で災害が多発し、自衛隊に出動要請があり、ひたむきに活動する姿が報じられる機会が増えたのはご存知の通りです。日本経済新聞社の2018年郵送世論調査では、「信頼できる機関や団体、公職」の1位は自衛隊でした。また、内閣府が同年1月に行った自衛隊・防衛問題に関する世論調査では89・8％が自衛隊に良い印象を持っています。それでも自衛官たちは世の称賛にはにかみながら目礼するだけで、やはり黙々と自分たちの任務をこなしています。

確かに、自衛隊の任務の大部分は、我々市井の人間から離れたところで行われるのであまり知られていません。それゆえ、災害時などにその実力が表に現れると驚きをもって迎えられるわけですが、災害派遣以外にも我々の生活に近いところで人知れず安全を守っている部隊があります。不発弾処理隊もその一つです。

知られざる不発弾処理

東京で不発弾処理というと「たまに報道で見るかな」くらいのイメージでしょう。ところが、沖縄で陸上自衛隊を取材しているとき、那覇にある陸上自衛隊第15旅団のトップである旅団長の話を聞いたところ、なにげなく「1日2回くらいは出動してますよ」と言われ、衝撃を受けました。「1日ですか!?」と。

詳細は後述しますが、沖縄で不発弾が多いのは太平洋戦争で地上戦が行われたからです。それゆえに「戦争」への忌避感が強い。その一方で、自衛隊が不発弾を処理する姿は日常でもあります。つまり東京より自衛隊が身近と言えます。

その文脈の中だけで見ても、「自衛隊→戦争」という連想は実態に即していないと思うのです。

日本には現在4つの不発弾処理隊が存在しています。沖縄・那覇駐屯地に所属する「第101不発弾処理隊」、埼玉・朝霞駐屯地に所属する「第102不発弾処理隊」、京都・桂駐屯地に所属する「第103不発弾処理隊」、そして、佐賀・目達原《めたばる》駐屯地に所属する「第104不発弾処理隊」です。それらの部隊が、担当区域内で発見された不発弾のもとに向かい、状況に合わせて適切な処理を行っています。爆発事故を防ぎ、不発弾の危険や不安を取り除き、国民生活を守る。これが、不発弾処理隊の任務です。

さて、まずは不発弾について簡単に説明しておきましょう。

そもそも爆弾というものは、「信管」と呼ばれる起爆装置が付いていて、この信管が作動することで爆弾の中に詰められた火薬が爆発します。しかし、その起爆装置である信管が何らかの理由で作動しなかったケースがあります。それを不発弾と呼ぶのです。ただ、不発であっても爆弾には依然として火薬が残っていて、何らかの要因（動かす、上から物が落ちてくるなど）で信管が作動すると爆発してしまいます。いつ爆発するかわからない、その危険性を秘めているのです。したがって、不発弾処理に求められるのは、状況の正確な把握と的確な処理。

まずはどういった爆弾で、どれほどの破壊能力を持っているのか？　その不発弾は動かせるのか、そうでないのか？　動かせないまでも現場で信管を作動不能にするなどの処理が可能なのか、そうでないのか？　実際に処理を行う前に、可能な限り検討します。

不発弾は全国各地で見つかっていますが、多いのは戦時中に激しい攻撃を受けた場所です。大戦末期に激しい空襲のあった東京や、軍需工場が海沿いに集中していた静岡県などは不発弾が発見されることがあります。2013年3月、東京都北区の上中里駅近くの国の研修施設建設予定地で不発弾が発見されたため、6月に処理のため現場付近を通るJR京浜東北線や新幹線がストップしたことがありました。海沿いでは、空襲で落とされた爆弾だけでなく、艦砲射撃の砲弾が見つかることもあるそうです。

都市部への空襲というと、焼夷弾のイメージがありますが、軍需工場があった所には大型の爆弾も落とされました。たとえば、2014年、神戸市兵庫区の海沿い、大型ショッピングモールの建設予定地で工事中に不発弾が発見されました。発見されたのは500ポンド爆弾の一部。

任務に当たった第103不発弾処理隊は慎重にリスクを分析し、すぐに爆発するような危険性は低いが、車での運搬などによる振動で爆発する可能性があることから動かすことはできないと判断。その場で信管を取り除くことになりました。発見は7月の下旬だったのですが、周辺の住宅地などへの影響も考慮して、夏休みが終わりに近づいた8月第4日曜日に処理をすることになりました。

私が取材に入った現場では、早朝から市の広報車や防災無線でこの日不発弾処理が行われることが再三アナウンスされ、物々しい雰囲気に包まれていました。この時に避難区域となったのは、発見場所から概ね半径200m以内。避難対象はおよそ60世帯、110人。周辺道路も交通規制され、車での立ち入りは禁止。バスも迂回運転となりました。こうした交通規制は地元自治体、警察と密に連携しなくてはできません。地元との調整や事前の周知を考え、かつ緊急性を鑑みながら処理のスケジュールが決められていきます。とくに大都市圏では、発見即処理というよりもこうして十分な調整を経て処理に至る場合が多いようです。

処理現場には、地下と地上合わせて6mの土嚢が山のように積み上げられ、遠目には土嚢でできたピラミッドのように見えます。山の頂上付近から真下に直径3mほどの穴があき、その底の部分に不発弾があります。この穴の中で、処理隊員が不発弾を安全化すべく作業に当たるわけです。どうしてこんな大がかりな山を作るのかは、お察しの通り。万々が一爆発しても、外部に被害を与えないためです。

これだけ狭い作業スペースですから、危険と隣り合わせで作業に当たるのは処理班長以下数名。そこから300mほど離れた場所に処理対策本部を設置し、逐一無線で連絡を取りながら処理が行われます。

一挙手一投足に注意を払い、「事前申告→承認→実作業→結果報告→分析」のサイクルを細かく細かく繰り返しながら作業を進めていきます。この時は朝の9時から作業が開始されましたが、信管が爆弾と固着してなかなか動かず、試行錯誤が繰り返されました。当初はレンチを信管に掛けて回そうとするのですが、上手くいかず……。その上、作業の途中でどうやら信管に歪みが生じていたことが発覚。対策本部で指揮をしていた処理隊長が現場へ急行するという異例の事態となりました。

歪んだ信管が起爆してしまっては一巻の終わり。対策本部にも緊張が走ります。このまま、一旦信管の除去を諦め、現地での爆破処理に移行するのか……？　そんな憶測も流れましたが、信管の外側の爆薬は安定していることから、信管の周りも含めて弾核をくりぬくように切断。結果、作業開始からおよそ6時間半後に安全化宣言がなされました。

予想外の危険が伴うケースでも、冷静に住民の安全を考え、適切な処理を実行する。プランAがダメでもプランB、プランCと柔軟に移行していく。処理隊員達は命がかかった現場のはずなのに、実に黙々と、困難にぶつかっても軽やかに任務を行っていました。なぜそんなに泰然としていられるのか？　隊員さん達にも興味がわいてきました。

不発弾だらけの沖縄

インタビュー取材した朝霞駐屯地・第102処理隊の隊員さん達の「沖縄に行ってみたい。そこで（不発弾処理の）腕を磨きたい」という声に導かれ、那覇駐屯地・第101処理隊への密着取材をすることになりました。

沖縄は先の大戦の激戦地。それゆえ、残された不発弾の数も桁違いで、毎日のように発見の通報があり、那覇駐屯地に所属の第101不発弾処理隊が緊急出動しています。自衛隊統合幕僚監部によれば、2018年の1年間で675回。平均すれば日におよそ2回の緊急出動があることになります。

先の大戦での沖縄戦は、沖縄本島の中部から南部が主な戦場となりました。

アメリカ軍は中部地域に上陸、本島を南北に分断しながら、日本軍の主力が陣を張った南部へと展開していきます。最後に激戦地となったのが、本島最南部、ひめゆりの塔や白梅之塔、平和祈念公園がある糸満市です。ここでは、日米双方の不発弾が見つかります。弾の種類も形状も本土と比べ物にならないほど多く、銃弾から野戦砲弾、ロケット弾、さらに艦砲射撃の砲弾まで、ありとあらゆる不発弾がいまだに残されているのです。

緊急出動の自衛隊車両を追って、糸満市糸洲《いとす》の現場に到着すると、そこはうっそうとしたジャングル。悪い足場を何とか進み、しばらく待っていると隊員が不発弾を持って洞窟から出てきました。

「アメリカ製ですね。アメリカのロケットと日本の手榴弾。5インチのロケットですね。日本兵が攻撃したアメリカ兵から取ったのかな……」

発見場所は入り口が狭く、這って出入りするしかないような洞窟の奥深く。発見したのは、地元の建設業者の方でした。用水路を作るために現地調査を行っていたところ、出くわしたといいます。

「ここが排水経路になるんで調査していたら、奥に並べられていたんです。びっくりし

ました ね」
沖縄では、このような不発弾の発見と緊急出動が日々繰り返されています。私がこの糸洲の現場を取材している最中も、別のチームが並行して2件の緊急出動を行っていて、その一つ糸満市摩文仁《まぶに》に出動したチームと合流しました。こちらは手榴弾や5インチ艦砲弾などが、自治体の磁気探査で見つかったそうです。

「自衛隊はたのもしい」

沖縄県では、不発弾の発見・処理を迅速に進めるため、住宅等開発磁気探査支援事業を行っています。過去には、1974年3月、那覇市小禄《おろく》で下水道工事中に不発弾が爆発。隣接する幼稚園の園児ら4人が死亡、34人が重軽傷を負うという痛ましい事故もありました。その後も不発弾の爆発事故が後をたたないことから、地面を掘り返す工事をする時にはまず磁気探査をするよう呼び掛け、費用の補助も行っています。

第101不発弾処理隊に密着したこの日の午前中は、そうした探査で発見された不発弾の処理を地元自治体と協議する場を取材しました。場所は、沖縄本島中東部の西原町。不発弾が発見されたのは、この年4度目だそうです。現場でこの不発弾について処理隊

員に話を聞くと、

「赤い撃針があって、先端が欠けているがほぼ完全。機械式の時限信管が不安定な状態で残っている」

発見された不発弾は、動かすと爆発の危険があるもの。発見現場で処理を行うしか、安全・確実に処理を行う方法はないといいます。現地での処理について、自治体ではどのように対応しているのでしょうか。自治体の方にも発見時の様子なども含めてうかがいました。

「磁気探査を行っていて、草刈りの際に発見したと報告を受けている。沖縄は激戦地だったからどこでも出るという感じ。探査に補助が出るが、回数が多いので、負担が大きい。不発弾の処理は町が主体で対策本部を作る」

現場では、発見された不発弾の周辺が自治体によって仮囲いされていました。実際に不発弾の処理にあたるのは自衛隊の任務ですが、万が一に備えて囲いを設けたり、住民の避難、交通規制などを行うのは自治体や警察の担当。頻繁に不発弾が発見される沖縄では、その役割分担が確立されているのです。

この日、対策会議のあと、西原町副町長、崎原盛秀さんに話を聞くことができました。

不発弾の囲いを覗く自衛隊員、関係者（上）とその内部（下）

「毎年こんな感じ。なれすぎてこわい。自衛隊には頭が下がる。戦後69年、不発弾はあと70年ないとなくならないと聞く。自衛隊は命を張っていてすごい。頭が下がる……。たのもしい」

この日だけで、第101不発弾処理隊の緊急出動は6件。ほぼ毎日が緊急出動の連続で、編成されて以降、不発弾処理の件数は3万7487件、処理重量は1805トンにも及んでいます（2019年3月29日時点）。

毎年、1500件前後の処理数、50トン前後の処理重量をこなしている中で、誇るべきは全国にある4つの不発弾処理隊の全てで、過去一度も事故を起こしていないこと。

命を落とす可能性もある、危険と隣り合わせの現場にもかかわらず、なぜ一度も事故を起こさずにやってこられたのでしょうか。

那覇駐屯地、第101不発弾処理隊・隊長の錦織康二さんは、

「40年無事故の秘訣は難しい。言えることは、一人一人が失敗したくないという思いを持ち続けること。その思いのもとで自分の技術を磨き、一回一回の処理においてミスもあるが、それを反省し、次に同じ失敗を犯さないように次へ進んでいく。それを繰り返し続けてきたことが無事故でこられた理由だと思います」

と話してくれました。錦織さんは処理隊生え抜き、叩き上げの隊長で、隊員たちの信頼も厚い方。数々の現場の第一線を経験してきただけに、その言葉には重みがありました。日々の任務を黙々とこなしていくその先に、40年無事故という勲章が後からついてきたのだということを実感しました。現場で働く隊員さんたちにインタビューした際の声をいくつかご紹介しましょう。

「処理でプレッシャーがかかることはない。手順も決まっている」

「各隊員の役割分担も決まっているので、チェックをしている」

「誰かが大きな間違いをしない限り、緊張しながらも淡々と作業を実施している。普段から意思の疎通を行っていることがうまくいく秘訣かなと」

「40年安全なのは、伝統が継承されている。先輩から引き継がれたもの」

「事前の勉強・訓練が無事故につながっている。現場でヒヤっとしたことはない。そのまえに先輩が止めてくれる」

その言葉に気負いはなく、日々の任務を黙々とこなしていくことが、安全につながっていることが伝わってきました。何かもっと秘訣はないのか？　食い下がって、ゲン担ぎとかしてないんですか？　なんて会う人会う人に聞いたりしたのですが、皆さん苦笑しながら「そんな特別なことはしてませんよ」と答えるだけでした。

40年に及ぶ知識と経験を継承し、それを隊員同士で共有する。発足以来続く、その繰り返しと、日々の鍛錬こそが事故を起こさない、不発弾処理の現場を支えているのです。むしろ、何か特別なことをして流れを乱すことの方を嫌がるという職人気質のようなものを感じました。

しかしながら、不発弾の処理に絶対はない。命を落とす可能性もあります。隊員たちは、そんな危険な任務に就くことをどのように思っているのでしょうか。怖くないのでしょうか。

「怖さはもちろんある。一番怖いのは構造や中身がわからないこと」

「チームが危険性を共有し、処理の仕方を共有する。全員が処理方法に納得するのが基本。納得した上で処理を行うことが大切」

このように恐怖心があることを前提に、万全の準備を行うことでそれをコントロールする大切さを説く隊員さんもいましたし、一方で、こんな声もありました。

「怖いなという思いはない。不安なままでは現場に臨まない」

これ、文字にすると正反対のことを言っているようにも見えますが、私には同じことを裏返しているのだなと感じました。というのも、準備段階で恐怖心があり、現場で不発弾に向かう際にはそうした恐怖心をコントロール下に置くまで万全の準備をするわけですから、いざ現場に行っての心境を聞かれれば「恐怖心はない」となるわけなのでしょう。私も「怖くないのですか？」という聞き方をしましたから、準備段階も含めて「怖さがある」と答える隊員さんもいましたし、現場での心境にフォーカスして「怖さはない」と答える隊員さんもいました。いずれの隊員さんも、真摯に黙々と仕事に向かっているからこその答えでしょう。

　埼玉・朝霞駐屯地に所属する第１０２不発弾処理隊・隊長の神谷俊広さんは、

「やっているところのポイントポイントで怖いと思っていないとこの仕事はやれない。怖いと思うからこそしっかりとやる。怖くない状況に陥ることはマンネリ化の入口。ここで爆発したら隊員が亡くなってしまうということを意識することで、爆発させないためにはどうしなければいけないか、何をしなければいけないかということにフィードバックされる。特に隊長はそう感じなければならない」

と話してくれました。怖さを意識するからこそ、やるべきことが見えてくる。そのやるべきことに集中することができる。穏やかな表情でインタビューに答えてくれた皆さんも、その裏には、想像を絶するプレッシャーと常に対峙し、コントロールしてきた日々があり、一種の矜持を見る思いでした。

そして、さらに驚かされたのは、今回取材をした不発弾処理隊の隊員たちは全員、常に危険と隣り合わせのこの任務に、自ら希望して就いているという点です。彼らは不発弾の処理にどのようなやりがいを感じているのでしょうか。

「犠牲者を出す前に不発弾を処理するという任務に誇りと喜びをもって従事している。各隊員共通して、その気持ちでやっていると思います」

「現場で声をかけていただくことがあり、ありがたい。不発弾処理隊は毎日本番をやる部隊。日頃訓練をしているだけに現地の声はうれしい」

「達成感を感じるのは、班長から安全に完了という報告をもらったとき。2番目にほっとするのは、不発弾処理の看板をかけた車に、子ども達がありがとうと手を振ってくれること。真剣な仕事が終わったあとに、ありがとうは嬉しいものですね。県民との笑顔のふれあい。この仕事を通じて深まるのが一番楽しいところかな」

住民に感謝されることがやりがいだと全員が口を揃えます。災害派遣の現場で自衛隊の姿を目にする機会は多いですが、自衛隊員の日常というのは有事のための訓練がほとんど。任務を通じて国民とふれあうことはあまり多くありません。たとえ命をかける現場であっても、国民とのふれあいがある。そんな不発弾処理隊にやりがいと魅力を感じる隊員も多いということです。

自衛隊→戦争というステレオタイプな見方はやめよう

彼らは自分の仕事が評価してもらえる、ありがとうと言ってもらえる、それだけを喜びに、人知れず我々の平穏な暮らしを守ってくれているのです。彼らが「ボクたちこんなに頑張っているんです！」と前に出てくることはほぼありません。尊い仕事をされていますねと問いかけても、「黙々と仕事をするだけです」という実直な答えが返ってくるばかりです。

この姿を見ても、「自衛隊→戦争」という連想になるのでしょうか？

現場で話を聞くと、当たり前ですが隊員一人一人も人間であるということが良くわかります。彼らも人間なのです。その仕事に対して、他の仕事と同じだけの敬意を払うのは当たり前のことではないでしょうか。その上、彼ら・彼女らは「事に臨んでは危険を顧みず、身をもって責務の完遂に務め……」と服務の宣誓をした上で任務に当っているのです。

どうでしょうか？　ここまでお読みいただいて、彼らが好んで戦争をしたがっているように思えましたでしょうか？

たしかに、一朝有事の際には彼らが敵の敷設した地雷を除去するなどの任務に当ることになるでしょう。しかし、というかそれゆえに、彼らは争いを回避することに全力を注ぐのです。なぜなら、事が起こったときのリスクを彼らは身に染みて感じているから。言い換えれば、リスクを具体的に、論理的に把握しているからに他なりません。

それを「軍靴の響きが聞こえる！」と頭から忌避するのはただの思考停止だと思います。まして、自衛隊員が制服で街中を歩いているだけで抗議の声を上げるというのはヒステリーじみた反応ではないでしょうか？

そうして、思考停止の状態で何か事態の急変が起こった場合、論理的思考をすることなく短絡的に大きなリスクのある乾坤一擲《けんこんいってき》的な解決策に飛びついていかないとも限りません。そう遠くない過去に我が国は、「暴支膺懲《ぼうしようちょう》」（暴虐な支那〔中国〕を懲らしめよ）「鬼畜米英」とスローガンを掲げ、リスクを具体的に見積もらずに、あるいは見積もってもそれを表に出さないうちに戦争へと突入していきました。普通であれば選択肢にならないかもしれない戦争を、事態打開に向けた乾坤一擲的な、クリアカットな解決策だと選択したのです。それを推し進めたのは、他でもないメディア。当時の新聞や雑誌が先導し、世論はリスクの高い強硬策へと雪崩を打ちました。

戦後はその反動で、軍事的な問題はすべて「戦争への道である」と決めつけ、抑止力を用いてどうこの国を守るのか、具体的な議論すらはばかられる時代が長く続きました。自衛隊や在日米軍は「戦争をする装置である」と、存在自体が批判の対象となりました。こうした世の中の空気を主導したのもやはり、メディアでした。

しかし、実際には、アメリカ軍も自衛隊も戦争を望むどころか、争いを回避することに全力を注いできました。アメリカの軍部は湾岸戦争での中東派兵やイラク戦争に反対であったことが分かっていますし、自衛隊に関してはこの章で書いてきた通りです。反射的に決めつけず、現場を見に行きましょう。行って聞いてみれば、どんな人たちなのか実感されることでしょう。現場に足を運び体感する大切さは、何度でも強調したいと思います。

3　安全保障を感情論で語られても

3　安全保障を感情論で語られても

戦争法というレッテル

前の章では不発弾処理の現場をご紹介しながら、一部マスコミが描く自衛官像と実像とのギャップをご紹介しました。どんな現場でも、事前の思い込みと取材をしてみてのギャップというものは存在しますが、こと安全保障分野に関してはそうしたギャップがあまりに広がっていることに驚きます。

特に顕著なのが、すぐに先の大戦と結びつけてしまい、現実的な議論に進まないということ。70年以上前の常識と現在では大きく異なることが多いのですが、専門家以外が外交や安保の知識をアップデートしてこなかったこともあり、戦争のイメージというと国民皆兵で徴兵されたカーキ色の軍服の兵隊同士が最後は鉄砲の撃ち合いで決着をつけるというものに固定されています。

そして、軍隊というものはとにかく戦争をしたがっている非常に好戦的で恐ろしい存在であるかのようにイメージされることが多く見られます。

集団的自衛権を限定的に容認することを柱とする平和安全法制の議論など、まさにこのイメージに縛られた野党やマスコミが「違憲」「戦争法」「徴兵制が復活する」「アメリカと共に戦争をするな」といった批判を繰り広げ、現実をベースに議論しようとしても全く嚙み合わなかったのをよく覚えています。

私が担当していた夕方の番組「ザ・ボイス」では、平和安全法制の考え方は国際基準に則り、国連などの現実に則したものであって指摘されているような問題には当たらないということを一つ一つ根拠を示しながらお伝えしました。

そもそも、国連憲章の第51条にはこう規定されています。

「この憲章のいかなる規定も、国際連合加盟国に対して武力攻撃が発生した場合には、安全保障理事会が国際の平和及び安全の維持に必要な措置をとるまでの間、個別的又は集団的自衛の固有の権利を害するものではない」

我が国は国連加盟国ですから、この個別的又は集団的自衛の固有の権利を保有していることは間違いありません。国際連合はもともと、先の大戦の反省を基に戦争をしない世界を作るために組織されました。「戦争法」などと軽々しく言いますが、第二次大戦後は戦争をすること自体が国際法違反とされています。武力行使そのものも非常に限定された使い方しかできません。その中で認められているのが、武力攻撃された場合の自衛のための措置なわけです。

そして、この第51条には続きがあって、

「この自衛権の行使に当って加盟国がとった措置は、直ちに安全保障理事会に報告しなければならない。また、この措置は、安全保障理事会が国際の平和及び安全の維持または回復のために必要と認める行動をいつでもとるこの憲章に基く権能及び責任に対しては、いかなる影響も及ぼすものではない」

と書かれています。集団的自衛権行使を認めないとすれば、たとえば同盟国の艦艇が攻撃を受けた際に日本の自衛隊が反撃をした場合、「我が方に攻撃はなかったが、個別的自衛権を行使した」と国連安保理に報告しなくてはいけません。それは、日本が最初の一発を放ったということであり、明確な国際法違反となります。

それに、いざという時に守ってもらうけれども、こちらが守ることはしないということとで同盟が機能するのか？「ボクが殴られそうなときは助けてね。君が殴られていてもボクは助けられないけど」で、友人としての信頼関係が築けるのか？　私には到底できるとは思えませんが、個別的自衛権は容認出来ても集団的自衛権は認められないという人はそんな身勝手な友人関係を構築しているのでしょうか？

別の観点からは、個別的自衛権のみで国を守ろうとすれば根本的には他国に一切頼らずに自国を防衛することになり、膨大な防衛費がかかってしまいます。集団的自衛権で守る方がよほどリーズナブルで、しかも一国の判断で暴走することがなくなる分平和に資するという研究もあります。

たとえばドイツは第二次大戦後、ＮＡＴＯ（北大西洋条約機構）に加盟し、ＮＡＴＯのもとでの集団的自衛権の行使は認められていますが、ドイツ連邦軍は個別的自衛権を発動して作戦行動することはできません。それは、集団的自衛権の縛りの中にドイツ連邦軍を置いて歯止めをかけなくてはいけないというナチスドイツの反省から来ています。

また個別的自衛権で自国を守ろうとすれば、スイスやオーストリアのように永世中立でなくてはなりません。そうした国々は強固な徴兵制を敷いて国民皆兵で国を守っています。実任務を外れても長く予備役として定期的に訓練を受けなくてはなりません。

一方、集団的自衛権で自国を防衛している国々の大部分はすでに徴兵制を廃止していたり停止しています。NATO加盟国のフランスのように、集団的自衛権を認める国でも一部に徴兵制復活論はありますが、これは国防上必要というよりも、国防のコストを国民に明確にするという意味での徴兵制活用論であって論点の全く異なるものです。

番組では平和安全法制について、現実の法案としては野党やマスコミからの批判を受けて大幅に骨抜きにしてしまったためにあまり意味がないという、専門家の観点からの批判も紹介しました。

すなわち、この法律が成立したとしても集団的自衛権の発動にはかなり歯止めがかけられているし、現場の自衛官が違法か合法かをその場で判断するという根本は変わらず、結局のところ負担は現場に行ってしまうという現実は変わらないと批判したのです。

抗議電話が殺到

この当時、生放送スタジオには批判の電話が多くかかってきました。「ザ・ボイスは安倍政権を擁護している！」「戦争法を推進するのか！」「お前は子供を戦争に行かせたいのか！　徴兵制反対！」など。一度「戦争法」というイメージがついてしまうと、論理的に説明を尽くしても通じない。根拠を示しても難しい。「理」よりも「情」が優先してしまうのかと、正直暗澹たる気持ちになったこともありました。

当時、この平和安全法制によって集団的自衛権が行使される事態の想定として例示されていたのが、中東ホルムズ海峡が封鎖されるような事態です。ここを通って日本にやってくる原油は全体の8割を超え、いかに備蓄があるとはいえ完全に止められてしまえば国民生活に重大な影響が出る「重要影響事態」となります。

それゆえ、たとえばアメリカ軍が多国籍軍でこの海域の警戒監視活動をするとなれば日本の自衛隊も参加できるようにするのだということでした。

あれから3年あまりが経ち、イランとアメリカの関係がギクシャクするに至って当時想定された事態になりつつあります。

しかしながら、当時想定されたようにアメリカ軍に引っ張られて無理矢理に自衛隊が参加するような事態になっているでしょうか？　少なくともこの原稿を執筆している2019年10月半ばの時点ではそうした事態に至っていません。

それは、「重要影響事態」を宣言するという外交的なハードルが高く、集団的自衛権の行使でない形での参加を模索しているとも言えますが、それだけ発動のハードルを高く設定したことが結果的に歯止めとなっているとも言えます。法案審議の最中は「歯止めがなくなる」と散々批判されていましたが、現実はどうでしょうか?

逆に言えば、この集団的自衛権の行使というものは非常に使い勝手の悪い立て付けになっています。それゆえ、現時点では平和安全法制以前にも存在した「海上警備行動」や、防衛省設置法第4条第18号で規定される「調査研究」名目で艦艇を出すことが検討されていますが、海上警備行動では武器の使用が非常に制限されます。どのぐらい制限されるかといえば、自己または自己の保護下にあるものの生命を守るため以外には基本的に発砲が許可されません。相手が撃ってこない限り撃てないという根本の問題は残っているのです。調査研究では、そもそも派遣は出来ても丸腰で赴くことになってしまいます。

また海上警備行動が発令された際に、現場の海上自衛隊員が公海上で行使しうる警察権は行政警察権に限られます。

何が言いたいかといえば、犯罪の予防・鎮圧を目的とする武器使用は認められますが、たとえば逮捕や逃走の防止といった司法警察権の行使が認められない以上、逃げる武装勢力に対する武器の使用は認められないのです。

「日本に関係する船を守る」という目的を狭くとらえれば、襲いかかる船を追い払うだけでいいのかもしれませんが、襲う側から見て逃げれば追ってこない用心棒のどこが恐いのでしょうか？　散々狼藉したあげく、少しでも逃げるそぶりさえ見せれば相手は撃ってこないわけですから。

論者によっては日本の大きな護衛艦を見せるだけでも十分な威嚇になると言う人もいますが、威嚇のために自分達の命を張る現場の自衛隊員の気持ちを想像すると胸が痛みませんか？

そして、こうした法律の厳密な解釈や立て付けに関して国内で議論されることは非常に稀です。

「戦争法」「徴兵制復活」というレッテル貼りの印象論に終始し、現実をベースに議論することができません。

腰巾着という批判

平和安全法制の議論が行われようとしていた時期の２０１６年、参議院選挙がありました。ニッポン放送の選挙特番は私が担当したのですが、この時の特番は少々特殊でした。

慣例としてテレビ・ラジオ各局に出演していた安倍自民党総裁のラジオ出演を見送る意向となったのです。その後自民党サイドと交渉を重ねた結果、ニッポン放送が民放ラジオ代表で7分間質疑をすることになり、その役目を私が担うことになりました。

代表なので、質問は各社で練り、それに沿った形で私とジャーナリストの長谷川幸洋さんが聞く形式です。しかし、平和安全法制の話題から尖閣諸島周辺での中国への対処について総理の見解を問うたことについて、後日、他のラジオ局で「安倍総理が聞いてほしいことを聞いて差し上げたようなヌルイ質問」「政権の御用聞き・腰巾着」と批判されました。

私の力不足で切り込みが甘かったのを批判されることは一向に構いませんし、実際時間に追われて決められた質問をこなすだけになってしまったのは反省すべきであると痛感しています。

が、一方で現場での対処を抜きに日本の安全保障議論が進むのか？　とやはり思ってしまうのです。

平和安全法制は成立しましたが、前述のように武器の使用ひとつとっても問題が山積しています。

この問題点は法案審議の最中にも一部の専門家からは指摘されていましたが、レッテル貼りの大雑把な議論に終始してしまったうちに多少の修正だけで成立してしまったわけです。

実際に現場があり、そこには同じ日本国民である自衛官たちがいるのですから、もっと実務的な議論をするべきなのではないでしょうか？

強硬論にも要注意

レッテル貼りによる議論の混乱も由々しきことだと思いますが、一方で勇ましさ一辺倒の無鉄砲な強硬論も逆のベクトルで議論を混乱させることになります。

縷々述べてきた通り、公的な法執行機関はすべて、法律のコントロール下にあります。いくら強硬論を振りかざしても、それは法改正や条約改正を待たなくてはできないというのもまた、法治国家の宿命であるといえます。

２０１９年10月、日本海の大和堆《やまとたい》で水産庁の漁業取締船と北朝鮮の大型漁船が衝突し、漁船が沈没したという事案が発生しました。

現場は日本の排他的経済水域（EEZ）で、北朝鮮の漁船に対してEEZ内から出ていくように促し、放水を開始した直後の出来事だったようです。海に投げ出された北朝鮮船の乗組員60人は、全員が救助され別の北朝鮮船に引き渡されました。

これに対し、「どうして漁民を拘束せずに北朝鮮側に引き渡したのだ!?」「全員逮捕して聴取すべし！」という非難の声が与党議員や一部マスコミからも上がりました。

私もこの事件の一報を聞いたときにそう思いました。

「情報の宝庫じゃないか！　なぜみすみす逃すようなことをするのだ？」

そんな思いを抱えながら、関係者を取材し、国内外の法律や条約をよく読んでみると、考えが変わっていきました。というのも、現場は領海ではなく排他的経済水域、EEZです。EEZは、国家の主権を最大限発揮できる領海と、主権ではなく国際法に基づく公海の中間にあります。基本的には公海なのですが、一部の主権に限って沿岸国の行使が認められるという、国際法的にはややこしい海域なのです。

その根拠とされるのが、国連海洋法条約。それによれば、航行の自由はEEZといえども公海と同じく保証されます。つまり、たとえ国籍がわからない不審な船であっても、

ＥＥＺ内にいるというだけでは違法とは言えないわけです。

一方で漁業に関しては経済活動ですから、ＥＥＺ内では主権が主張できます。日本側に無許可で漁業活動をしていた場合には取り締まることが可能です。

ですが、それには漁業をやっていた動かぬ証拠が必要となります。これが難しい。

もちろん、北方領土周辺海域におけるかつてのソ連のように船に立入検査をして、少しでも漁具とおぼしきものを発見すれば即拿捕というような荒っぽい行政機関もありますが、日本はそこまではしません。きちんとした証拠に基づかない限りおいそれとは動けないのです。実際、今回の事案で水産庁は「違法に漁獲しているとは確認できなかった」としています。この違法操業が認定できなければ、船を当ててきたという内容の公務執行妨害も成立しづらくなります。

違法行為→摘発→抵抗・阻止→公務執行妨害というのが公務執行妨害成立までの流れですから、その大元が揺らげば全体が崩れてしまうわけです。

その上、北朝鮮は明確には自国のＥＥＺの範囲を規定していません。国連海洋法条約に署名はしていますが批准はしていないという中途半端な存在なのです。

ＥＥＺについても、国連海洋法条約や条約に沿う形で作られた我が国の国内法では、沿岸国同士のＥＥＺが重なる場合は、お互いの主張するＥＥＺの中間線を境とするようになっています。日本はそう主張しているのですが、北朝鮮は大和堆そのものを自国のＥＥＺと主張しています。そして二国間で協議を行うような環境でもないのはご存知の通りです。

このように主張の食い違う海域での法執行は外交問題にも発展しかねず、いかに国内法上の執行権があっても現場の水産庁や海上保安庁は躊躇するでしょう。このジレンマは、北方領土を目の前にした根室海上保安部を取材した際にも痛感したことです。

北朝鮮船員を逮捕できない理由

さて、大和堆の事案では漁船と水産庁の船が衝突し、漁船が沈没しました。

これは事故なのだから、水産庁なり海上保安庁なりが逮捕できたのではないか？　という疑問も出てきます。

これに対し、安倍総理は２０１９年10月15日の国会答弁で、「旗国主義も踏まえ、強制力を行使しなかった」と述べました。

「旗国主義」とは、公海上の船舶はその船の所属国が取り締まるという考え方。日本の船は日本の水産庁や海上保安庁といった法執行機関が取り締まり、北朝鮮の船は北朝鮮側に取り締まる権利があるということです。国連海洋法条約にも「船舶は公海においてその国の排他的管轄権に服する」と明記されています。

したがって、現場としては決して弱腰なわけでなく、逮捕・拘束したくても国際法上出来ないのです。

ここを取り違えて現場や政府を批判しても何も生まれません。悔しかったら国内法を制定してきちんと取り締まれるようにするしかありません。

その上、現場に近いところを取材をすると、どんなに取り締まりたくたって多勢に無勢。今回も漁業取締船は民間船舶のチャーターで、実際に取り締まりができる漁業監督官は1人しか乗っていなかったそうです。その1人に素性の分からない北朝鮮人を何人も逮捕せよ、と言うのでしょうか。

一隻一隻臨検するのは大きなリスクが伴いますし、時間も膨大にかかる。

漁船に退去するよう放水するのが精一杯だったという台所事情もあるようでした。

批判を言いっぱなしで終わらせず有機的な議論に繋げていくためには、現場がどうなっているのか？　どういった法律がその行動の根拠になっているのか？　を丁寧に見ていかなくてはなりません。

現場を軽視してきたツケ

この件では、世界第6位という広大なEEZを持ちながらも、その安全の維持・管理にあまり予算を割いてこなかった我が国の現状がありありと見てとれます。さらに言えば、海上保安庁・水産庁といった現場の法執行機関の努力は、下手に国際問題化させないための努力です。

その意味では、国際問題となり軍同士にフェーズが上がった時には大変なことになると相手に思わせる平時の抑止力も重要です。その点、我が国は日米安全保障条約を基軸とする米軍の拡大抑止力と自前の自衛隊による守りの2本柱で守っています。

しかしながら、この2本柱を支える予算は現場の意向をどれ程反映したものになっているのか、はなはだ疑問です。

むしろ、防衛費の額面の金額だけを見て、少しでも増えただけで戦争の危険を言い募って批判しているのではないかと思われるような言説が散見されます。1970年代半ばに当時の三木政権が閣議決定したGDP比1％枠というものが、予算を拘束するものとしては撤廃された後も歴代政権に暗黙の上限として受け継がれ、これを少しでも超えると批判にさらされるようになりました。

しかし、考えてみればこれはおかしな話で、我が国を防衛するために予算を積み上げたうえで精査するのではなく、そもそもＧＤＰの１％という枠をはめてその中でやりくりしようとすると、当然どこかに無理が生じます。その上、防衛力の整備は1年以内にすべてが完了するようなものではありませんから複数年度で予算を計上する必要があるのに、単年の予算で見てＧＤＰの１％に抑えなければならないわけです。

韓国との距離をどうするか

抑止力の観点で言えば、韓国の存在をどう見ていくのかも問われます。文在寅《ムンジェイン》政権になって日本に対しての風当たりが非常に厳しくなり、日本の国民感情としても韓国とは距離を取った方がいいのではないか？　という側に傾くようになりました。今まではとにかく仲良く、日韓友好！　というムードが大半だっただけに大きく変わったなぁとも思うのですが、変わったら変わったで今度は「日韓断交！」と極端な方向に振れている言説も散見するようになりました。

安全保障を感情に任せて判断してしまうと見誤ります。

それを気づかせてくれたのは、韓国陸軍出身で国民大学校政治大学院の朴輝洛《パクフィラク》教授でした。お話を伺ったのは、2019年10月6日。米朝実務者協議が決裂した日で、北朝鮮が新型潜水艦発射弾道ミサイル（SLBM）の発射実験をした数日後のことです。

朴氏は、韓国駆逐艦による海上自衛隊哨戒機へのレーダー照射事件や、日韓の軍事情報包括保護協定（GSOMIA）の破棄決定も、文政権に責任があると指摘し、「日本政府には、関係を良くする努力も、悪くするような決定もしてほしくない」と言いました。

この意味は非常に大きく、それだけ「良識派が追い詰められている」現状が見てとれました（のちにこの破棄決定は覆りました）。

そのうえで、朴氏は日本に対し、「日本の安全保障にとって、このままでいいのか？　アジアの自由民主主義体制の勝利のためにできることを考えて、積極的に出るべきだ。韓国を批判しても現実は変わりませんよ」と問いました。とはいえ、韓国側の言うことを無条件に受け入れることは、日本の国民感情からいってもあり得ません。だからといっていきなり「日韓断交！」というのも、リスクが高いことを自覚しなくてはいけません。

仮に、北朝鮮主導で朝鮮半島が統一され、日本の防衛ラインが対馬海峡に下がったとき、日本をどう守っていくのか？

敵基地攻撃能力の保有や、米国の中距離核戦力の導入なども容認するのか？　自衛隊の増強に予算を割けるのか？　憲法改正も必要ではないか？　そのことも含めて日韓関係をどう考えるのか？

GSOMIA破棄に象徴される、国内向けのアピールのために外交・安保関係を犠牲にする文政権の姿勢は最悪です。朴氏が言うように、文政権の間は「何もしない」我慢も必要でしょう。しかし韓国が都合が悪いときに日本を利用する「用日」を主張するように、われわれも「用韓」を選択肢として取っておいても損はないでしょう。甘い考えと叱られるかもしれませんが、国を守るのにオプションは多ければ多いほどいいと私は思います。

徹底的に忌避するか、とにかく何があっても仲良くするか？

日韓関係の議論は国内の左右対立、極端と極端の戦いがくっきりと際立つ分野であると思います。

ポジションを決めて議論をしてしまうといつまで経っても決着はしません。

そこを脱して、我々の生命と財産を守っていくには何が大事なのか？　大きな視点に立って考えていくことが必要なのではないでしょうか？

エビデンスを踏まえた議論を

古典的な地政学では、大陸国家（Land Power）と海洋国家（Sea Power）を概念構築の基礎として使います。中国やロシア、大陸ヨーロッパ諸国は伝統的な大陸国家。日本やイギリスは海洋国家となります。アメリカは両方の側面を持ち得ますが、基本的には海洋国家に分類されます。

その時、韓国のように半島に位置する国家は橋頭堡（Bridge）と呼ばれ、大陸国家と海洋国家に挟まれて双方からの影響を受ける運命となります。それは影響を受けるという生易しいものだけではなく、激しい確執の対象となり時には紛争の現場ともなります。冷戦初期、1950年の朝鮮戦争は、アメリカという海洋国家とソ連という大陸国家の確執の発露であったわけです。

それらも踏まえて、

「韓国は大陸国家と海洋国家の一体どちらに付くのでしょうか」

と朴氏に聞いたところ、

「大陸国家に付いていいことなど一つもなかった。当然、海洋国家側の陣営だ」

と即答しました。安全保障の専門家としては海洋国家側、民主主義、法の支配、基本的人権の尊重という共通の価値観を持った国家と連携した方がいいと答えますが、他方韓国大統領府（青瓦台《せいがだい》）は別の価値観を基に行動しているフシがあります。これこそが半島国家の悲しい宿命で、どうしても国論が二分されてしまうのです。

日本は伝統的に海洋国家ですが、兵器の進化もありかつてほど海を隔てるというクッションが効きづらくなって、疑似的な半島国家に近づきつつあります。

近年の、エビデンスを基にした冷静な議論よりも左右のポジションからの対立が激化しているように思えるのは、ひょっとするとこうした疑似半島国家化も遠因にあるのかもしれません。

であるならば我々は、いっそうエビデンスを重視した冷静な議論をする必要があります。実際の現場がどうなっているのか？　新たに制定しようとする法律がどう作用するのか？　政治や法律論のみならず、経済の流れがどう二国間問題や多国間問題に影響していくのか？

細かい作業を怠らず、そして近視眼的にならずに全体を見る鳥の眼も忘れず、ミクロとマクロ、局所的な議論と並行して全体像を議論する、実務的な議論が必要不可欠になっていきます。

今の国会やマスコミで見られるようなレッテル貼りや「隣国とはとにかく仲良く、酒を飲めばわかり合えるのだ！」といった極論を繰り返しているうちに国内の対立で体力を消耗し、国を守ることもままならずに瓦解してしまうかもしれません。また、今のようなメディア環境では、国論が二分するように工作を仕掛けるのも容易です。

その時ほくそ笑むのは一体どこの国なのか？　東アジアで大陸国家筆頭といえば、そう、中国です。

4 「かわいそうな被災者像」ばかりでいいのですか

「人が住むのにふさわしくない福島」という偏見

２０１１年3月11日に発生した東日本大震災は、地震・津波の被害だけでなく、東京電力福島第一原発事故による放射性物質の飛散によって、日本に暗い影を落としました。私自身も当時、震災直後の報道特別番組を担当しながら「この国が終わるのではないか」と本気で思ったことを覚えています。

あれから8年を超える日々が過ぎ、福島県は県内外の方々の懸命の努力によって着実に復興へ進み、状況は大きく改善してきました。しかしながら、原発事故直後の印象が強すぎたからでしょうか、福島県に対して〝人が住むのにふさわしくない場所〟という誤ったイメージをもった人が、メディアの中にもいるようです。科学的な話は別の章で触れますので、ここでは福島県沿岸部の状況や住民の方々の意識の変化を、私の取材した範囲ではありますが、時系列でご紹介したいと思っています。

この章をお読みいただくと、「人が住めないフクシマ」というイメージがいかに古いのか、おわかりいただけるのではないかと思います。

「元の町に戻るのは無理」

福島県双葉郡浪江《なみえ》町を本格的に取材したのは、震災から2年ほどが経過した2013年4月のことでした。それまで岩手県・宮城県を中心に取材していたため、福島の取材は立ち入り自由な地域での取材に留まっていました。メディアやネットで流れる「○○町で線量を測ったらすごい数値が！」「無人の町を動物が荒らしている！」といった情報を見て、自分の目で確かめなければと、遅ればせながら取材の準備を行いました。

浪江町は原発事故の影響を受けて、当初全域が避難区域に指定され、町への立ち入りが制限されていました。

その後、2013年4月1日、放射線量に応じて、浪江町は3つの区域に再編。そのうち「避難指示解除準備区域」を、4月5日に町の許可を得て取材しました。避難指示解除準備区域は、日中の立ち入りは自由ですが、宿泊はできない……という制限のある地域。日中の立ち入りが自由とはいえ、治安の問題もあるので許可証がないと立ち入りはできず、時間も16時までと決まっています。

平日だったこともあり、町にはほとんど人がおらず、物音ひとつしません。そんな静寂の空間で、剝がれ落ちた看板が風に揺れてきしむ音だけが鳴っている。蜂の羽の音も遠くから聞こえるような静かな空間でした。そして、このときすでに震災から2年が経過していたのですが、いたるところで建物が崩れたままになっており、地震直後そのままという印象。

それは当然で、震災直後、建て直しはおろか、崩れた家屋の撤去すらなにもできずに全町避難となったわけですから、当時の町の様子はまさに時が止まってしまったかのようなものでした。

この取材のときに浪江町で会えた2人の住民の方は、どちらも「元の町に戻るのは無理……」と話されていました。

表面上は時が止まったようであっても、家屋に残る2年の時の侵食は凄まじく、家の壁や天井にはびっしりとカビが生え、床は湿気で波打ち、また地震で亀裂などの被害を受けていた屋根からは雨漏りし、家全体を朽ちさせていました。

当然、家財も影響を受け、水に濡れたアルバムを片手に切ない表情を浮かべる住民の方を見るのは、取材をしていて何ともやりきれない思いになったことを覚えています。

また、浪江町の海側、福島県で最も津波の被害が大きかった請戸《うけど》地区はさらに復旧が進んでおらず、雑草が生え、広大な湿地のようになったところに、点々と車や船の残骸が転がっている……という状況。

当時、私が測った浪江町中心部の線量は毎時およそ1・5マイクロシーベルトだったので、ネット等で流れていた「すごい線量」という情報の真偽はもはや不明ですが、「無人の町」はそのとおりで、私も元に戻るのは難しいのではないかと思い、そのような主旨の発言を番組でしています。

逆手に取って前向きに

それから2年が経過した2015年3月。福島県双葉郡大熊町を取材しました。大熊町は福島第一原子力発電所の立地自治体の一つ。第一原発のほぼ南半分が大熊町にかかっています（北半分は双葉町）。震災、その後の原発事故により全町避難を余儀なくされました。町民の皆さんは避難生活を続けていて、宿泊は許されていませんでした。大熊町は当時、放射線量の高さに応じて帰還困難区域・居住制限区域・避難指示解除準備区域の三つのゾーンに分かれていました。現在は、当時の居住制限区域だった大川原《おおがわら》地区と避難指示解除準備区域だった中屋敷《ちゅうやしき》地区の避難指示が解除され、居住可能な地域と帰還困難区域の二つが存在します。

このうち帰還困難区域には、町が発行する通行証がなければ立ち入ることはできず、基本的にはタイベック製の防護服を着て立ち入ることになりました。我々は町から許可を頂いて、大熊町の帰還困難区域の中を取材しました。

案内していただいた大熊町の現地駐在員は役場のOBで構成されていました。取材当時の帰還困難区域内は生活している人がいないわけで、人工的な音が全く聞こえません。「避難した地元住民に代わり駐在員が日課にしているんだ」と、熊川河口に飛来する白鳥に餌をあげる姿を見ると復興の遠さを感じ、「やはり元に戻るのは難しいか……」とも思いました。

しかし、詳しくお話を伺うと印象が変わります。大熊町は福島県浜通りを縦断する幹線道路、国道6号線と常磐自動車道が通る場所です。そして、福島第一原発では廃炉に向けておよそ７０００人（当時）の作業員が働いています。そして２０１５年の春、福島第一原発の作業員のための給食センターが避難指示解除準備区域で稼働を始めました。また、作業員が滞在できる集合住宅も計画されています。

当時はこの給食センターが稼働を始める直前で、駐在員の前総務課長、鈴木久友さんは、この大きなセンターの前で施設を紹介しながら、ここが交通の要所であり、また福島第一原発立地町であることを逆手に取り、「原発廃炉の拠点」として大熊町を再生していこうという考えを熱く語ってくれました。

確かに、福島第一原発の廃炉作業は向こう30年、40年という長期に渡ります。町の経済活性化という観点で見れば、何千人もの廃炉の作業員は非常にインパクトが大きい。周辺から原発に通ってきている作業員が大熊に住むようになれば相当な経済効果をもたらします。これを活かすのだ！　というのです。なんという心の強さ！

もちろん、それが町民の総意ではありません。話を伺った駐在員の一人も「何代にも渡って住んできた人と、最近移住してきた人では、帰ろうという意志に濃淡があるのは確か。平時ならそうした一つ一つの意見を集約して最大公約数を探ろうとするけれど、こうした非常時はまず行政がビジョンを出して、町民を引っ張っていかなくちゃいけないと思うんだ。今は、町としては一つの答案を出したという段階」と話してくれました。「原発廃炉をむしろ前向きに捉える」という考え方は、部外者にはなかなか言えないことです。利用できるものは最大限利用して、とにかく第一歩を踏み出そうという話を聞くと、住民の皆さんは力強い意志を持って具体的な町の未来を描いている。そう感じました。

風化を心配する声

その翌年の、2016年9月。避難指示解除からおよそ1年が経った、福島県双葉郡楢葉町を取材しました。その年、震災からいわゆる「5年という大きな節目」を迎え、3月11日に東北へ取材に行ったときには〝風化〟を心配する声が多く聞かれました。

楢葉町は、福島県の太平洋に面した浜通りに位置する町です。福島第一原発の事故後、楢葉町の大半は「警戒区域」に指定され、すべての住民が避難を余儀なくされましたが、2012年8月に、特別な許可なく立入りが可能になる避難指示解除準備区域に再編され、15年9月5日には、すべての住民が避難した町としては、初めて全域で避難指示が解除されました。楢葉町の取材時点での人口は7343人。避難指示が解除された前年

9月以降、楢葉町に帰ってきた人は、16年9月2日の時点で376世帯・681人。全体の9・3％です。

避難指示解除からおよそ1年たって、町に戻った人が1割にも満たないことから、「帰還1割に満たず」「遠い道のり」といった報道がされていました。

しかし、町役場のそばにある仮設店舗で武ちゃん食堂を営んでいる佐藤美由紀さんに、「町に戻る人は少ないのでしょうか？」と話を伺うと、ご自身も今、いわきに住んでおり、楢葉に住んでいないのは「新しい家がまだ出来てないから」と言います。すでに楢葉町に住む山内さん夫婦に話を伺っても、同じように家のリフォームを待って帰ってくる予定の人が多いと言います。町の中を歩いてみると確かに、そこかしこで工事をしています。

ただ、山内さんも、お子さんの家族は子供（山内さんから見てお孫さん）の学校の関係で、まだ戻る予定がないそうです（なお武ちゃん食堂は、JR常磐線・竜田駅前に戻り、新店舗をオープンしました）。

避難解除によって少しずつ元に戻ろうとしているコミュニティ。その中心が高齢者であることは否定できません。「医療」「仕事」「教育」この三つが理由で帰りたくても帰れない人が多いようです。

ただ、これらも楢葉に整いつつあり、住民の帰還や受け入れ態勢について町としてどのように考えているのか、役場の方は「インフラの整備と並行して賑わいを取り戻すイベントを企画して、避難している住民の方々に一時的にでも町の今の様子を見てもらい、帰ってきてもらいたい」と話していました。

色々と問題を抱えながら、地元の方々は力を合わせて前向きに取り組んでいました。

なお、楢葉町の線量は駅前で毎時0・18マイクロシーベルト。福島市内と同じくらいの低い線量でした。


「いつまで被災者じゃないといけないのか」


2017年3月には、同じ楢葉町で語り部（ならはふるさと案内人）として活動する高原カネ子さんにお話を伺いました。

東日本大震災が起こる前の楢葉町の人口は8042人。取材当時は7235人でした（世帯数2826戸）。そのうち、避難指示が解除されて以降、楢葉町に帰ってきた人は2月3日の時点で424世帯・781人、10・8％。およそ半年前に取材したときよりも増え、人の気配をより感じる町になっていました。

　福島県内には至るところにモニタリングポストという放射線量の線量計がついており、JR竜田駅前の線量計は、毎時0・16マイクロシーベルトでした。年間線量に直すと1ミリシーベルトに満たない値です。年間線量1ミリシーベルト以下は、平時の基準を下回っているということで、この時点で楢葉町は東京や大阪といった日本の大都市とまったく同水準ということが言えます。

　髙原さんは原発事故前と生活はそれほど変わらないと言います。

「買い物はどう？　不便？　とかよく言われますけど、もともと便利な町でもなかったですし。大きな病院があったわけでもなし、そこら辺は原発事故前と何も変わらないですね。スーパーはもちろんあるし、ちょっと大きなものを買うときはいわきまで車で行けばいいし。もともとそうでしたから」

　そして、震災の記憶の風化について尋ねると、こんな答えでした。

「ここに戻ってきて住んでる者にとったら、『風化』は平穏に戻ったという事かもしれないと思う時もあります。逆に避難民とか、被災者とか、いつまで私たちそういう気持ちでいなくちゃいけないのか、というのを含めて風化ってとても複雑かな」

この「いつまで被災者じゃないといけないのか」という発言は、言っていいのかな……と躊躇しながら話してくれたのですが、我々マスコミに対する厳しい問いかけになっているように感じました。

報じる側は、とかく「風化をさせるな」と言い、「最近は震災関連の報道が少なくなってきました。風化が危ぶまれます。しかし私たちは被災者を、被災地を忘れてはならないのではないでしょうか」といったお決まりのフレーズで締めくくります。もちろん、忘れてはならないのですが、ともすれば安易に「被災者」「被災地」という設定みたいなもので内容に縛りをかけているように感じることもあるのです。

さらに言えば、いわゆる「かわいそうな被災者像」というものを追い求め、ステレオタイプに報じることで、むしろ被災地の復興や自立を妨げてはいないだろうか？　そんな思いに至りました。

現状でも、被災地で困っている方がいるのは事実です。が、そうした報道に重点を置きすぎるあまり、被災地でも踏ん張って事業を起こし、それが軌道に乗りつつある人や新たな拠点で生活をスタートさせた人のことを置き去りにしてはいないか？　と思ったのです。

高原さんは最後にこう語ってくれました。

「災害としては風化させてはいけないと思いますが、風化よりも『元に戻りつつある町だよ』っていうふうに見ていただきたい。県外の人に『普通に暮らしてるんだ』と言われると、案内人をやっていて良かったなと思います」

「被災者に寄り添う報道」と言いますが、それは8年たった今、困っている人に寄り添う段階から、立ち上がった人にも寄り添う段階へと変わったのではないか。この取材ではその思いを強くしました。

福島発のイノベーション

2018年4月からニッポン放送で始まった朝の番組「飯田浩司のOK! Cozy up!」として初めての東北取材は2019年3月、福島、浜通り。かつて取材した現場に再び足を運ぶと、しっかりとした復興の歩みを感じることができました。たとえば、給食センターが稼働する直前に取材を行った大熊町。あれから4年あまり。大川原地区では、新しい役場庁舎が完成間近になっていました。さらに50戸の災害公営住宅も整備が進み、手付かずの田畑が広がっていた4年前から、町の新たな中心としての姿が顕わになって

新しい大熊町役場

いました。

中でも印象的だったのは「福島イノベーション・コースト構想」。これは、2014年から経済産業省と福島県が推進している取り組み。東日本大震災と福島第一原発の事故により大きな被害を受けた浜通り地域などを中心に新たな産業基盤を構築することで経済の再生を目指すプロジェクトです。浜通り地域を廃炉、ロボット、エネルギー、農林水産など、様々な最先端技術を開発・研究する「最先端技術の開発拠点」として整備することで、これまでにない新たな産業を作り出し、地域の活性化、人材の育成、人々の交流を生み出そうという壮大な構想となっています。

復興の新たなステージとして、「新しい産業の構築」は大きな課題となっています。その大きな柱の一つがこの構想なのです。

浜通り地域を中心に風力発電の事業が行われていたり、沿岸部に水素エネルギーの研究を行う水素製造プラントが作られたり、福島県は新たな道を進み始めています。そして「福島イノベーション・コースト構想」におけるロボット分野の開発・研究を担う存在が「福島ロボットテストフィールド」という施設です。

福島ロボットテストフィールドは、物流、インフラ点検、大規模災害などに活用が期

福島における新しい産業構築の拠点
「福島ロボットテストフィールド」

待される無人航空機（ドローン）・災害対策ロボット・水中探査ロボットなどの研究開発や実証実験ができる施設。陸海空、すべてのロボットに対応できる研究施設は世界でも類を見ないそうです。

災害で甚大な被害を受けた福島県にこのような施設を作る必然性とは何か。福島県商工労働部・産業創出課ロボット産業推進室長の北島明文さんは、

「震災直後、被害者の捜索と原発事故の対応にロボットを使いたかった。しかしながら、今までロボットは研究室や工場などの限られた場所でしか動作試験を行っていなかったので、現場で実績のないロボットをいきなり投入するわけには行きません。現場の作業員が容易に操作できるものではなかったことも投入に二の足を踏む要因になりました。技術はあるのに使えない。研究室と現場を繋ぐ、中間の役割が必要だろうということで、ロボットテストフィールドが出来たわけです」

と話してくれました。東日本大震災クラスの災害は、いつどこで起こるかわかりません。そのとき、大きな被害を受けた福島県で実証実験されたロボットなら大丈夫だ、きっと活躍してくれる、人々を救ってくれると信頼されるだろう、そんな思いから福島ロボットテストフィールドの建設が始まったわけです。

試験用プラントは6階建ての建物で、その中は災害時に遭遇する可能性のある様々なシチュエーションが再現され、災害対応ロボットなどが力を発揮できるのか、あらゆるパターンで実証実験ができる場所となっています。ジャングルのように配管、バルブ、ダクト、階段、螺旋階段、はしご、タンク、煙突など様々なものが置かれていて、車や瓦礫などの障害物も配置できるそうです。また、煙がふきあがる、異音、異常発熱などの環境も再現できます。そして何と言っても、ロボットの試験の為に操業を止めてくれる工場など世の中に一つもありません。だからこそ現場の環境を再現したこの試験用プラントの存在だけでも、ロボット研究者には非常に注目されているそうです。

しかしながら、南相馬市をはじめとするこの浜通りの各自治体は、もともとロボットとは縁のない土地です。地元の理解を震災以降8年で一歩一歩進めてきて、今回のロボットテストフィールドにまで昇華させてきたそうです。足掛かりとなったのは、2015年から活用が進んでいる「福島浜通りロボット実証区域」。ドローンの長距離飛行の実証実験や操縦訓練ができるエリアです。

ドローンを飛ばすには、上空を通過する土地の持ち主に了承をとることが必要です。このエリアでは2015年以降、ドローンを飛ばすルートになる土地の持ち主に一つ一つ了承をとり、理解を得ていったそうです。そして、活用開始以降、180件を超える企業や研究者が、ドローン等のロボットの実験を行うまでになりました。すでに南相馬市と浪江町の郵便局の間では、国内初の目視外飛行（補助者を置かない飛行）による荷物の搬送が定期的に行われています。およそ9キロの距離を、ドローンが荷物を運びながら飛んでいるのです。

ドローン先進地帯としての福島

よくある誤解が、「住民が避難して人の居ないところだから飛べるのだろう」というもの。しかし、ドローンの飛行エリアは普通に住民の皆さんが生活をしているところです。特に、JR常磐線・小高駅や浪江駅の周辺は住宅や商店の密集地でもあります。広域・目視外飛行をするにあたり、飛行経路をカバーする通信塔を整備して安全を確保。その環境を地元地権者の方々にも説明し納得していただいたからこそ、これだけのドローン試験が可能となったわけです。この通信塔があることで、長距離通信、気象観測、空域監視ができるのです。

そうした努力により、ロボットやドローンに関連する企業や研究者の間では、福島は日本で唯一自由に実験ができる場所という認識になってきたと言います。単純に開発や実験を行うだけではなく、目標としているのは産業の蓄積であり、人材育成であり、人々の交流を図ることにあります。すでに14の企業が福島ロボットテストフィールドに進出し、南相馬市では福島ロボットテストフィールドを活用するために、ホテルなどに宿泊する研究者が増加傾向にあります。このテストフィールドの施設がフルオープンする2020年3月以降はさらに多くの人が訪れることでしょう。

このロボットテストフィールドも一つの事例に過ぎません。実は福島の他の地域、そして岩手や宮城にもこうした復興の芽というものは無数にあります。一つ一つは小さく、地味な取り組みなのかもしれませんが、ここから大樹に成長する芽がきっとあるはずです。

「被災地っぽい絵」を探すのをやめては

震災から時間が経って、いわゆる〝被災地〟は前に向かって歩み出しています。防災の部分は記録をしながら、震災の記憶については日々暮らしているときには戸棚の中にしまっておいて、どこかのタイミングでまた出してきて思い出すというように、コントロールする時期に入っているのかもしれません。

にもかかわらず、都会で見て、報道する側が、いまだに何年も前の、下手をすると震災直後のイメージに囚われていたりします。私は何度も福島に取材で足を踏み入れているのでどれだけ復興が進んだのか、どれだけ除染が進んで安全になったのかを知っています。

が、実のところ会社の同僚からですら「福島第一原発の近くに出張なんて、大丈夫?」「今は防護服着なくていいの?」といった質問を受けたりするのです。放送局の人間であっても基本的なことから説明しなくてはいけないほど、イメージが固定化してしまっています。

そして、そのイメージのまま「困っている姿を報じよう、まだまだ復興は道半ばだという様子を報じよう」と、イメージを補強するような事柄を探してしまうのです。鉄道が部分復旧して地域の足が戻ってきたという紙面なのに、フレコンバッグ越しに列車を撮影したりします。フレコンバッグというのは、除染した際の土など低レベル放射性廃棄物を入れる黒い袋。実際に現地に行くと、一体どこにフレコンバッグがあるのか、よほど探して「フレコンバッグ越しの列車の絵」を撮影したのでしょう。

これは特に映像メディアに顕著なのですが、せっかく現地に出張したからにはどうしても「強い絵」を撮って流そうとします。そのため、たとえほとんどの風景が平穏であっても、「どこかにそれっぽい絵はないか」と探してしまうのです。しかし、それがその土地の実状を伝えているかといえばそんなことはありません。

私は、被災地、特に福島県での取材は、ステレオタイプな震災直後そのままのイメージをいかにアップデートしてもらえるかに腐心してきました。次章では福島の農林水産業について記していきます。

5　一体風評を広めているのは誰か

雰囲気に流される報道

前章では、福島県での原発事故後の取材を例にとりながら、現場の空気と報道のギャップを書いてきました。ただこのギャップは、原発事故直後の強いイメージに囚われてしまったのではなく、雰囲気に流されただけなのではないかと感じることがあります。

たとえば、築地市場の豊洲への移転問題。豊洲市場の問題が様々指摘された後、徐々に科学的には問題がないと分かってきた頃にも、マスコミは新市場を叩き続けました。

しかし、いざ開場すると、テレビを中心に新しいテーマパークが出来ました♪　とばかりの大歓迎ムード。圧倒的な変わり身の早さに驚いたものです。

たしかに安心と安全は違います。しかし、メディアがここまで雰囲気に流されて良いのか、と思います。雰囲気に流されて報道すれば、いっとき視聴率は稼げるのかもしれませんが、その結果視聴者を間違った方向へとミスリードすることになります。そして、話題が下火になるとメディアはまた別の話題を追いかけていき、そこには誤解されたままの取材対象者が残されます。メディアに比べれば圧倒的に発信力の弱い当事者たちは、誤解されたまま世間からいわれのない厳しい視線を浴び続けることになるのです。その代表的な被害者が福島県の農林水産業なのではないでしょうか。

いわれのない言いがかり

震災直後から、福島の農水産物についてはいい加減な言説がまかり通っていました。「福島県中通りでコメを作っている農家はサリンを製造したオウム信者と同じ」などと学者がツイートしたこともありました。東海テレビは、東北産のお米をプレゼントする企画の当選者を「怪しいお米　セシウムさん」と表示する放送事故を起こしたこともあります（リハーサル用のダミーテロップが誤って送出されたと謝罪）。

震災と福島第一原発事故から8年以上がたつ今でも「汚染地で農業」だとか「農家の自主検査じゃ信用できない。ただの安全プロパガンダだ！」といった心ない書き込みがネット上には溢れています。

２０１７年、福島県が首都圏および県内の消費者２０７０人に米の全量全袋検査について調査したところ、「検査が行われていること自体を知らない」との回答が全体のおよそ7割にのぼりました。安心・安全を届けようとする福島県の取り組みを知らないという人が圧倒的に多いのです。

２０１１年3月、稲作においては田んぼに水を張る準備をしている頃、福島県の農家の人たちは、原発事故の全貌がハッキリしない中、混乱と不安を抱きながら作業を続けていました。その後、福島県では大規模な検査が行われます。11年産の農作物に関しては、当時の政府が設定した放射性セシウム濃度の暫定規制値、１キログラム当たり５００ベクレルを最大値として検査を実施。同年10月12日には、福島県が「すべての市町村の米が出荷可能な状態である」として「安全宣言」を発表しました。しかしおよそ１か月後の11月16日、福島市大波地区（旧小国村）で生産された玄米から、暫定規制値を超える値が検出されます。これにより、福島県は当該地区周辺のコメの出荷を自粛、国からも出荷制限を受け、福島県産の米が小売店の棚から消えていくという事態になりました。

2011年当時、各農家では農機具や耕運機など、あらゆるものを洗って除染、という作業を懸命にされたそうです。果樹農家・大槻善博《よしひろ》さんは「真冬に高圧洗浄機で木を洗った。一本一本、時間をかけて。それはもう、地獄のようにつらかった」と、当時を振り返りました。リンゴなどの果樹は、1年でも管理をやめると、その後、5～10年、まともな果実が採れない状態になるそうです。ですから妥協できないという思いがあったのです。

1000万袋の検査

あれから8年、現在、福島県では農作物が出荷されるまでに様々な放射線対策を行っています。県の農林水産部・環境保全農業課長を務める服部実さんの説明を聞いてみましょう。

「最初の段階で行われているのが『作付け制限』。放射線量の高い地域では、そもそも農業を行わないということです。そして各農家で行われているのが『吸収抑制対策』。わかりやすく言えば、放射性物質の『放射性セシウム』を、農作物が吸収しないようにする対策のことです。原発事故によって飛散した放射性セシウムが農地に降り注ぎ、農作物がそれを吸収してしまうんじゃないか……という不安があったんですが、肥料としても一般的に使われているカリウムを農地に撒くと、農作物がセシウムを吸収しない、吸収を抑制できることがわかったんです。このことは以前から科学的に証明されていたのですが、今回、広範囲で大規模な状況の対策としても有効であることがわかりました。他にも土の表面をはぐ、天地を反転させる、洗うなど、様々な対策を行った上で、収穫された農作物を検査して、問題がなかったものだけが出荷される。福島県ではそういう体制になっています」

検査で採用されている日本の基準値は、農作物によって異なりますが、全体としてとても厳しいものになっています。例えば、一般食品はＥＵが１キロあたり１２５０ベクレル、アメリカが１２００ベクレルであるのに対し、日本は１００ベクレル。ＥＵやアメリカなどの10分の１以下です。その上、生産者によっては、独自にさらに厳しい基準に設定しているところもあるそうです。

福島県農業総合センターでは、県内で収穫される農作物のモニタリング検査も行われています。モニタリング検査は、県で生産される農産物のうち、市場で販売するものを対象に行われていて、各地域からサンプルとなる農作物が持ち込まれ、厳正な調査が行われます。万が一、基準値を超える農産物が発見された場合には、その農産物は出荷できず、その農産物が収穫された地域は出荷制限を受けます。

そして強調しておきたいのは、国の基準値を超える農作物は出ていない、出荷されていないということです。福島県から出荷されている農作物の安全には絶対的な自信がある、そう皆さんが断言されていました。

お米に関しては、特別な検査体制「全量全袋検査」が敷かれています。これは「福島県で生産されたすべてのお米に対して放射性物質の検査を行っている」ということです。販売用に出荷されるお米から肥料や飼料に使われるお米、農家の方々が自分たちで食べるお米まで、福島の田んぼから収穫されたすべてのお米を対象に検査を行っているのです。福島県農林水産部・水田畑作課の二宮信明さんのお話。

「すべての米の放射線量を測るというのは途方もない対策でしたが、揺らいでしまった信頼を取り戻すためには、やるしかないと、実行に移したわけです。全袋検査ができる機械もメーカーに頼み込んで開発してもらいました。とにかく、信頼を取り戻すため、できるだけのことはしようと」

この対策のために、年間1000万袋を検査できる機器を開発したといいます。

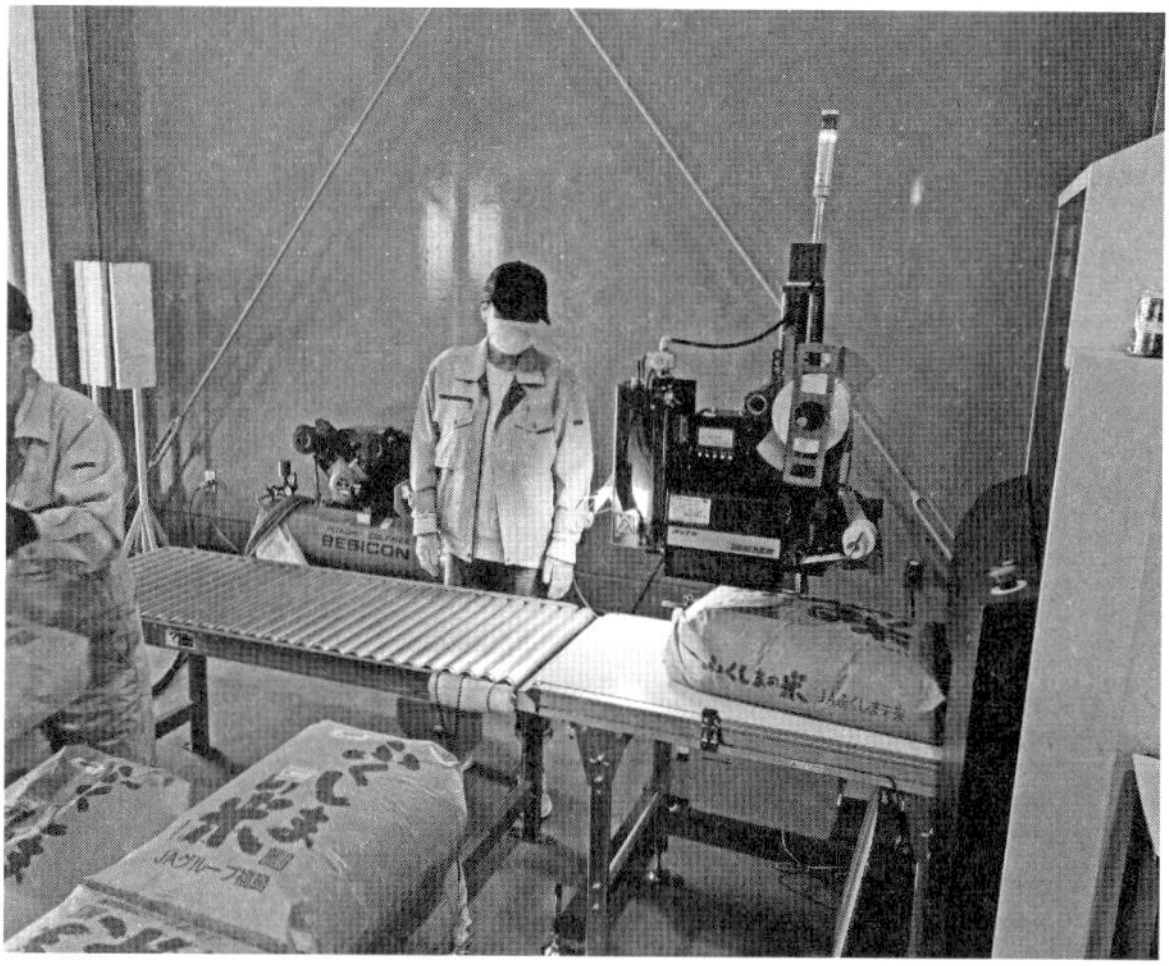

全量全袋検査を実施している検査場

実際に全量全袋検査が行われている、二本松市のＪＡふくしま未来「杉田駄子内倉庫《すぎただごうち》」にある検査場にも伺いました。取材は２０１７年の9月下旬だったので、その年のお米の検査が始まった頃。それでも検査場に持ち込まれるお米はたくさんあって、お米が詰められた袋が、倉庫内に積みあがっていました。取材中にトラックでお米を運んでくる農家の方もいらっしゃいました。とにかく持ち込まれるお米をすべて検査するわけですから大変な労力です。10人ほどの職員の方で作業をされていましたが、積みあがった米の袋をクレーンやターレーで移動させて、そこから1袋ずつ手作業でベルトコンベアーに乗せて、検査に合格した袋を、また手作業で積み替えて……。福島県ではこの全量全袋検査を、年間およそ１０００万袋実施していますから相当な負担です。

やめられない検査

この全量全袋検査は原発事故の翌年、２０１２年産のお米から実施されていますが、基準値１００ベクレルを上回った件数は14年の2件を最後に、それ以降はゼロです。15年以降、99・99％以上は、基準値どころか機器が測定できる限界値を下回る低い値しか出ていないということでした。もちろん、18年に収穫されたお米およそ９２５万点すべて、基準値超えはありません。

こういった状況を受けて、全量全袋検査をこれからも続けていくのか、より効率的な検査方法に移行した方がよいのではないか、そんな声もあがっていました。しかし、福島県浜通り・中通りの米の値段は震災後、全国平均と比較して大きく下がってから、いまだに取引価格はほとんど戻っていません。全量全袋検査にかかる経費は年間およそ60億円。安全性がここまで確認されている中で、農家にとって負担となっている全量全袋検査を続けていく必要があるのか、難しいところです。

取材当時、当事者の方々にこの全量全袋検査をいつまで続ければいいと思うか聞いていきました。一様に仰るのは、もし検査を止めてしまったときに消費者がどう受け止めるのか、ということ。全量全袋検査から、たとえば抽出検査に移行した場合、それを消費者はどこまで信用してくれるのだろうか？　もう二度と、あの辛い風評被害に晒されたくない。今だって完全になくなったわけではないのだから……。

私は現場で懸命に、誠実に検査を続けている様を取材していましたから、統計学上全部を検査せずとも検査の正確性が担保できるのであれば抽出検査に移行すべきだと思っていました。その分の労力と予算を農業の発展や販売プロモーションに割くことができれば、その方が福島の農業全体に資するのではないかと思ったからです。取材後の18年3月、福島県は早ければ20年産米から抽出検査に移行すると発表しました。私は、県の英断であると考えます。

セシウムの特性が判明

特番を制作するにあたって、原発事故後の放射性物質の動きについて研究をされている、東京大学大学院・農学生命科学研究科・食の安全研究センター特任教授中西友子さんに、科学的な見地からお話をうかがいました。

取材（2018年）の時点では、飛散した放射性物質の中で問題になるのは「放射性セシウム」（セシウム137）でした。中西さんは、東京大学農学部を中心とした研究グループとともに、事故発生直後から福島県を幾度となく訪れ、放射性セシウムがどのように動いているのか、農林水産業にどのような影響があるのか、農業再生のため徹底した調査をもとに研究されている方です。その調査結果は『土壌汚染』（NHK出版）という書籍にまとめられています。

調査によってわかったことは、「土壌に付着した放射性セシウムはそうそう簡単には動かない・はがれない」ということでした。雨に溶け出して広がるようなことはほとんどない。

また、「イネは土壌に吸着した放射性セシウムを吸収することはできない」（前掲書106ページ）、さらに「（田んぼに）カリウムが十分だと放射性セシウムの吸収量が少ない」（同113ページ）。農業の基本として学校でも習いますが、肥料の三要素は窒素・リン酸・カリ（カリウム）と言われます。そのうちのカリウムが豊富であれば、科学的挙動が似ているセシウムの吸収は抑えられることが分かりました。セシウムは土壌に吸着したら水に溶け出ない、土壌に吸着したセシウムをイネは吸収できない、さらに田んぼにカリウムを添加して吸収を抑えるという対応策が導き出されたわけです。

例えば原発事故直後、「放射性物質が雨に流されて川から海へ汚染が拡散する！」とか「食物連鎖で生物濃縮される！」といったことが懸念されましたが、理論上でその可能性があっても、現地調査ではそのような動きはほとんど示されなかったそうです。土壌の特性にもよるものだったと思いますが、結果として農業を守るうえではメリットが多かったと言えます。

安心という心の問題

「安全」と「安心」、似ている言葉ですが、福島県の農業にとって、その言葉の持つ意味は大きく違います。福島県の農家の方たちはどう思っているのでしょうか。

福島市の果樹農家・大槻善博さんに聞きました。

「理不尽とも思うが、それは人の心の問題。安全だと我々は言えるが、安心はお客様が判断すること。心の部分までは私は強く言えない。

福島の生産者は真心こめて作っています。生きるための力を一生懸命作ってます。私たちの農産物を食べて、元気になっていただきたい、笑顔になっていただきたい、そして、日本を豊かにしていただきたい」

郡山市の稲作農家・佐久間俊一さんにも同じ質問をしてみました。

「福島の米が今は一番安全だよと言いたい。全部検査もしているし、安全ですよと。それがなかなか伝わらないんだな。果物にしても野菜にしても米にしても、家畜まで、一番今安全なのは福島のモノだと思っているから、福島のモノ買ってくださいと言いたい。区別されるのはそれぞれ生産地があるので仕方がないけれども差別されるのは嫌だな」

インタビューの中で話されていた安全と安心、そして差別と区別。福島県の農業は今、この似ているようで非なる言葉に象徴されていると感じます。科学的にも根拠があり、徹底した検査で安全は担保されているのに、そのことが消費者に届いていない、消費者の安心とイコールになっていない。そして福島県産という言葉だけが独り歩きしている。あの時からおよそ8年が過ぎた今も、その課題が残されていると感じます。福島県では、すべての農産品を検査し、検査に合格したものしか流通させていません。したがって、店頭で見かける福島産の農産品はすべて安全であると言えます。さらに、その検査結果は1日と措かずに「ふくしまの恵み」というホームページにアップされます（https://fukumegu.org）。種類別・エリア別の検索も可能で、不安に思う人たちに科学的なデータを示す努力をしているのです。ぜひ一度ご覧いただき、ご自身で判断していただければと思います。

漁業への影響

福島第一原発の事故では、大気中に大量の放射性物質が放出されるとともに、事故直後に高濃度の汚染水が海に流出するという事態が起きました。東京電力は汚染水が漏れ出している亀裂などを塞《ふさ》いだり、地下水を汲み上げるなど、汚染水対策を続けました。

また、2012年4月から原子炉建屋の海側に「海側遮水壁」という巨大な壁を建設。15年10月に完成させ、汚染水の流出を遮断する対策を行いました。ちなみに、周囲の地盤を凍らせて氷の壁で取り囲む「凍土壁」は、地下水の流入を減らすために建屋の「陸側」に作られた壁です。経済産業省によると、海側遮水壁が完成して以降、港湾内の海水の放射性物質濃度は大幅に低下。国際原子力機関（IAEA）からも海洋の環境は安定している、との評価を受けています。まず大前提として、今は事故直後のように汚染水が福島の海に流れ込む状況ではない、という現状をご理解いただきたいと思います。

漁業の現場では、2011年3月中旬に操業自粛が決まり、4月7日から検査開始。コウナゴから1キロあたり1万ベクレルを超える高い放射性セシウムの数値が検出されたため、出荷制限と摂取制限をかけ、以降、モニタリングを強化します。福島県水産試験場・漁場環境部長の根本芳春さんによれば、一番影響したのは事故直後の高濃度汚染水。これが止められた後は速やかに数値が下がっていったそうです。ちなみに、水産試験場はもともと水産資源の保護・増殖に関する研究を行う機関ですが、原発事故後は海産物の放射線の検査や研究を行っています。

モニタリング検査を続けて、事故から1年と少し経った2012年6月、たこやつぶ貝などセシウムを排出しやすい魚種に絞って試験操業が開始されました。そこから徐々に陸揚げ対象を増やしていき、18年1月時点で170種類ほど。モニタリング検査でも海産物については15年4月以降は国の基準値（1キロあたり100ベクレル）超えなし。不検出がほとんどです。海水中のセシウム濃度は原発周辺でも1キロあたり0・1ベクレルを切り、原発から離れた操業水域では事故前とほとんど変わらない数値となっているようです。

しかし、まだ出荷制限を受けている魚も2019年10月時点で2種類あります。この2魚種もモニタリング検査では基準値以下ですが、以前基準値を超えた魚が獲れたのと同じ場所で獲らなければならないから検体数が足りないなど、数値以外の条件がクリアできていないだけのようです。とはいえ、「出荷制限を受けている」となると、福島の魚は危ないのではないかというイメージがついてしまいます。出荷制限を所管するのは農林水産省ではなく厚生労働省。同じ場所で取らなくてはならないなどの決まりは魚の性質に合わせて変えてほしいと現場から働きかけている最中なのだそうです。試験操業をおよそ7年続けて、福島県の漁業では、陸揚げする魚の種類も増え、操業海域も広がりました。

東京大学大学院・農学生命科学研究科・国際水産開発学研究室教授の八木信行さんによれば、制限によって皮肉にも福島の海の資源はとても豊かになったそうです。データを見れば安全ですし、その上食べごろのいい魚が一杯いるのです。にもかかわらず、いまだに福島沖での漁獲高は震災前のたった13％程度。いきなり漁獲量が増えると需要を超えて値崩れするのではという不安や、本格操業がずっとできていないので、流通を含めた福島の水産業全体が弱体化してしまったことが尾を引いています。こうなるとニワトリが先か卵が先かという話なのですが、ここでも強調したいのはデータを見れば安全であることは間違いない、ということ。何しろ、２０１５年４月以降、モニタリング調査では基準値を超えた海産物はなかったのですから。

最近では、福島第一原発の話題として、水をためるタンクの中のトリチウム水の問題も扱われることが増えています。トリチウムは放射性物質の一種となっていますが、雨水にも含まれているようなものであって、本来健康被害を心配するようなものではありません。エネルギーが弱いため、外部から人体に影響を与えることはなく、また体内に取り込んでも自然と排出されるとされています。

しかし、この水を海に排出すべきかどうかでは意見が真っ二つにわかれています。漁業関係者の反発の声が強く、「たとえ科学的に安全であっても、また『危ない』という風評を招くことになる。せっかく立ち直ってきたのが台無しだ」という考えがあるようです。

前出の八木教授はこう語っています。「トリチウム水も科学的に安全と言えるが、水産物消費者にとって安心できる行為かどうかは、人によって差があるので、放出するかどうかは政治的な判断となる。科学と政治は違うので、国民がどう受け止めるか。漁業者が反対しているのは、国民の厳しい反応を予測しているから」。

繰り返しますが、トリチウム水に関しては、健康にほとんど影響はないとされています。しかし、やはり海に放出するとなると、国民がどんな反応をするのかわからない、そうした不安があるということです。いわゆる「汚染水」と「トリチウム水」が一緒に扱われるなど、正しい理解が進んでいないのではないかと感じます。

農業のときもそうでしたが、科学が風評に負けているようで、非常にもどかしく思えます。八木教授は「風評に負けるのは仕方がない。人間は失うことに敏感なもの。リスクを正しく評価する人にデータを示していくしかない」とも仰っていました。

安心は強制できないが

現実として安心と安全は違います。私の個人的な理解は、安全は科学的な根拠により担保されるものである一方、安心とは〝心〟という文字が入っているように人間の心の部分、信条に深く依存するということです。安全であるという科学的事実を根拠に説明することは可能でしょうが、そこから先の安心にまで行きつくかどうかは人それぞれ。民主主義国家である日本で安心を強制することはできません。

では、そのような中でメディアの役割はどこにあるのでしょうか？　科学的に安全なのであれば、報道する者としては「安心への懸念」にも配慮しながら、安全という「事実」に立脚した報道をすべきなのではないでしょうか。

たしかに科学的・学術的な事象を報道すると、とかく「難しい」という批判を浴びがちです。マスコミでも「一般人の肌感覚」が重視され、専門家に任せてきた分野に〝市民感覚〟でコメントするシーンが多くあります。ただ、この〝市民感覚〟は非常に揺らぎやすいモノ。メディアは〝市民感覚〟にべったりと寄り添うのではなく、科学的な知見を平易に表現する、イメージではなく科学的な根拠をしっかりと示し、時には世の中の流れに抗って世間を説得していく役割も担っていくべきなのではないでしょうか？

トリチウム水についての報道では、科学的には安全であることを伝えながらも、漁業者の不安の声を伝え、最後にスタジオで「風評が心配されます」といった無難なコメントで締めるというのが定番です。しかし、メディアの仕事は風評を「心配する」ことではなく、「払拭する」ことではないでしょうか。一般の人と一緒になって「不安」を共有するのは、結果として風評を拡散するのに一役買っていると言われても仕方がありません。

放送には時間的な制約があり、紙媒体にも紙幅の制限があります。それゆえ、根拠を一つ一つ積み上げて報道することにはおのずと限界があります。それよりも、「何となく不安」、「何となく怪しい」といった感覚的なことを街角のインタビュー映像などで出す方が手間もかからず体裁を整えることができます。が、その「何となく」を繰り返してきた結果、メディアの信頼が徐々に落ちてきているともいえるのではないでしょうか？

6　データに基づかない経済の議論に意味はあるか

経済は民を救っているのか

経済と聞くと「金儲け」とか「ビジネス」とか、とかくお金にまつわる話を思い浮かべると思います。新聞の経済欄やテレビやラジオの定時ニュース、経済関係のサイトでは、市場や投資に関する話から貿易交渉の話までお金にまつわる話が経済ニュースの根幹をなします。

では、「経済」とはカネの流れの話だけを指すのでしょうか？　ためしに『広辞苑』で「経済」と引くと、「①国を治め人民を救うこと。経国済民。政治。②（economy）人間の共同生活の基礎をなす財・サービスの生産・分配・消費の行為・過程、ならびにそれを通じて形成される人と人との社会関係の総体。転じて、金銭のやりくり。↓理財。

③費用・手間のかからないこと。倹約。『時間の―をはかる』」とあります（『広辞苑第七版』岩波書店）。

そうです。経済とはお金にまつわる話もありますが、それがすべてではなく、もともとの語源を辿ると、①の国を治め人民を救う、経世済民に行きつくわけです（文字の通り読み下せば、世を経《おさ》め民を済《すく》う）。そこで、一つの疑問が生まれます。今の経済政策って、「経世済民」になっているのでしょうか？　まぁ、「国を治め」の部分は体制崩壊や内乱にまで陥っていないのだからまだしも、「民を救う」の部分は果たして……？

後述しますが、就職氷河期世代の一人として、同世代の仲間の苦難を目の当たりにした私としては、疑問しか湧いてきません。

それでも何度かは少しだけ明るい兆しを感じた時期がありました。それが、２００３年から07年頃までと11年以降、完全失業率が下がっていった時期です。この２つの時期は、大規模な金融緩和が行われていた時期とほぼ重なります。

金融緩和が雇用に対してどういった作用を生むのか。これについては理論的な裏付けも存在します。すなわち、失業率と物価上昇率の関係性を説明した「フィリップス曲線」です。ごくごく簡単に数字の動きだけを説明すると、物価が上がれば失業率が下がり、物価が下がれば失業率が上がるという関係性で、失業率とインフレ率は負の相関関係にあると説明されています。

そして日本銀行法（日銀法）にもある通り、中央銀行の使命は物価の安定です。日銀法の物価安定とは、安定的でマイルドなインフレを指します。デフレは経済のボタンの掛け違いで一時的に発生するものであり、成長軌道に入ればそこから脱するというのが一般的な経済学の定説だからです。ですから、金融緩和によって物価を適度なインフレ状態に誘導すれば、フィリップス曲線に従い、雇用も改善するということになります。

失業率の低下は事実である

では足元の雇用はどうかといえば、2010年代は一貫して失業率が低下してきており、雇用に関してはアベノミクス第1の矢の金融緩和が効果を上げていると言っていいでしょう。

2010年代の雇用改善について、よく「団塊世代が引退したから人手不足になり、だから雇用が回復しているんだ」という人がいますが、この入れ替わりの需要のみが存在するのなら、どうして雇用者数が増えているのか説明がつきません。入れ替わりで空いたポスト以上に雇用の需要があるから雇用者数がどんどん増えているわけです。さらに、入れ替わりの需要しかなければ、今のように高齢者の引退（労働市場からの退出）を上回る勢いで就職希望者が新たに労働市場に出てきた場合、失業率の方が上昇してしまいます。椅子取りゲームに例えれば、今まで座っていた人の分しか椅子が空かないのに、ゲームに参加する人の数が増えている状態ですから、当然座れない人（失業者）の数が増えてしまうわけです。

ところが、現状の雇用状況は失業率が徐々に低下していて、さらに雇用者数も一貫して増加しています。原稿執筆時点での最新の数値は、２０１９年９月の時点で雇用者数６０１７万人で81か月連続の増加、一方完全失業率は季節調整済みの値で２・４％となっています。

金融緩和の効果としての雇用環境の改善はかなりしっかりしたものになってきています。まっとうなマクロ経済政策の成果が、多少のタイムラグこそあれ、我々一般庶民の経済にも好影響として波及してきている最も分かりやすい例だと思うのですが、いまいち評価が定着していないように感じます。報道においても、どちらかといえば先ほど挙げた「団塊世代の引退で雇用が改善した」説の方が信じられているように思います。

どうして評価されないのか？　日銀の審議委員の方々も、ちゃんとした数字で成果が上がりつつあるのに、どうしてこんなに金融緩和に否定的な意見が出てくるのか疑問に思ったようで、日銀が発表している会合の記録にはこんな興味深い指摘がありました。

「『量的・質的金融緩和』への反対意見の中には、心理学で認知的不協和と言われるものがある。これは、自分の認識と新しい事実が矛盾することを快く思わないことである。『量的・質的金融緩和』で経済は良くならないという自分の認識に対し、経済が改善しているという事実を認識したとき、その事実を否定、または、今は良くても将来必ず悪化すると主張して、不快感を軽減しようとしている」（『金融政策決定会合における主な意見〔2018年3月8、9日開催分〕』3月19日　日本銀行）

要するに最初に「金融緩和政策では景気は良くならないよ」と言った人は、自らの前言に縛られて、現実を見ようとしていない、と言うのです。

報道においても、記者の方々は自分が一度世に出した論考を自身で否定するのはプライドが許さないのでしょうか？　官僚の無謬性信仰が文書の書き換え、改竄《かいざん》を生んだように、記者の、あるいはメディアの無謬性信仰が記事の捻じ曲げを生んでいるような気がしてなりません。今は良くても将来必ず悪化すると主張し、ＧＤＰなどの経済指標が少しでも悪化すると大きく報じ、全体が良くても悪くなっているところを見つけては批判する（たとえば失業率は下がっても非正規雇用が増えているだけと報じるなど）ということが横行するわけです。まるで、日本経済が悪化することを願っているように見えてしまいます。さすがにないと思いますが。たぶん。

騙されないためには一次ソースにあたる

さて、このように、現実を歪めた報道がメディアの信頼性を傷つけているのは言うまでもありません。受け手側の自衛策としては、残念ながら一次ソースにあたるクセを付けることしかなさそうです。ネットの進化により、今は報道発表資料がほぼリアルタイムでホームページ上に上がっています。そこでここからは、経済記事の〝よくある間違い〟について見ていきたいと思います。

まず、消費税の増税とともに必ずと言っていいほど登場してきた「財政健全化」というワードには要注意です。過去にバラマキ続けてきて借金が膨らんだのだから、これを返さなければならない。借金をそのままにしておくのは将来世代にツケを残すことになる！　という話は、もう耳にタコが出来るほど聞かされてきました。

そして、「増税で痛みを感じることになるけれども、それは仕方のないこと。かつては成長の果実を分配してきたわけだが、今はこういった痛み、負担を分かち合わなくてはいけない時代なのだ。さもなくば借金が増えすぎて経済が破綻寸前までいったギリシャと同じようになりますよ！」といったことが語られています。さらに丁寧に、国家財政を家計の財布に例えて、借金を子や孫に残していいんですか？　と迫ってくるのが常套手段です。

一見もっともそうに見える、この「借金を子や孫に残すな！」という言説、いくつも間違っている部分があります。まず、家計と国家財政は全く別物と考えなくてはいけないということ。家計では、稼ぎ手が1人もしくは共働きで2人というところが多いでしょう。そして、その稼ぎ手には当然ながら寿命があります。志半ばで亡くなってしまった場合、残された家族に借金が残ると、それはたしかに子や孫の負担となってのしかかるわけです。

ところが、国家には寿命はありません。為政者はたしかに移り変わりますが、国家そのものは動乱や革命などがない限りにおいて存続し、財政は継続していきます。したがって、年間に1円でも返している、あるいはきちんと返すという姿勢を見せ、それを国債の保有者たちが信用していれば家計のように借金で首が回らないということにはならないわけです。

さらに踏み込めば、国家には通貨発行権があります。つまり、お札を刷ってお金を返すという奥の手があるわけです。「そのやり方は財政法で禁じられているじゃないか！」と批判する向きもあると思います。たしかに財政法は国債の日銀引き受けを禁じているわけですが、直接の引き受けは禁じられていても市中から中央銀行が国債を買うことまで禁じているわけではありません。この市中から国債を買い入れるというのが、アベノミクス1本目の矢、日銀の金融政策であるわけです。

ただし、この時に注意しなければならないのが、お札を刷ることで市中にお札が多くなるので、お札1枚1枚の価値が下がります。言い換えれば、1つのモノを手に入れるときにお札が余計に必要になるということで、お札の価値が下がる分だけ相対的に物価が上がるわけですね。これがインフレです。

したがって、安定的な経済運営をしようと思うと、いくらお札を刷れば借金を返せるといえども野放図に刷るわけにはいかず、インフレ率が過度に高まらないように注意する必要があります。その時に一つの目安として引く線が「インフレターゲット」なのです。日銀の金融緩和では物価目標2％とされていますが、これは「2％を目安にしてそこまでは金融緩和を行いますよ」という市場へのサインといえるわけですね。

金融緩和に懐疑的なメディアは物価目標に達しないのだから金融緩和を止めるべきだ！　と言い続けてきました。目標に達しないのだからもっと緩和して目標をクリアせよというならわかりますが、この状態で撃ち方止めと主張するなら、では他にどういった方法でデフレからマイルドなインフレへと導く方法があるのかを示さなくてはフェアではありません。そうした代替案なしに、目標に達していないからやめろというのは、結局デフレに戻せと言っているに等しいわけです。あるいは、すでにたっぷりとお金を蓄えた皆様においては、蓄えたお金の価値が下がるインフレよりも、お金の価値が変わらないかむしろ高まるデフレの方がよほど居心地がいいのかもしれませんが……。

ギリシャと同じにはならない

次に間違っているのは、「2010年ころに経済危機となったギリシャと同じようになる」という点。ギリシャと日本で政府債務の対GDP比を見ると、たしかに日本の方が大きい。この点だけを見れば、日本の方が状態が悪いといえるのかもしれません。ただ一つ大きく違うのが、日本は自国通貨建てで国債を発行しているということ。先ほどの通貨発行権を使おうとした場合、当然ながら自国通貨、日本ならば円しか発行することはできません。

日本は通貨を発行し、その量をコントロールすることで金融政策を行うことができますが、他方ギリシャは共通通貨のユーロ建てで国債を発行していましたから、いざ国債を返そうとした場合、お札を刷ることはできずに予算を切り詰めて返済の原資を捻出する必要がありました。というのも、共通通貨であるユーロを採用しているユーロ圏の各国は通貨発行権とそれに伴う金融政策を放棄してヨーロッパ中央銀行（ＥＣＢ）に預けていますから、自国の都合のみで金融政策を打つことができないのです。先ほども書いた通り、金融緩和の副作用はインフレです。そして、インフレになると通貨の価値が下がるわけですから、外貨が高くなります。つまり、通貨安です。実はギリシャは何度も財政危機に陥っているのですが、その度に通貨を発行して返済し、結果インフレと通貨安（当時はドラクマ安）を引き起こしました。

そうなると国民の生活は一時的に苦しくなりますが、通貨安のおかげで海外からの観光客にとっては世界遺産の観光地を格安で回れるようになり、観光客がどっと押し寄せて経済を潤していきました。これで経済を立て直すことができたわけです。国外からの観光客による消費は形を変えた輸出です。インフレ、通貨安が輸出企業に有利なことは、日本の製造業を見ても明らかでしょう。そうした、経済を立て直し再び成長軌道に乗せていくという道筋は、通貨発行権があれば辿ることが可能だったのです。

しかし、共通通貨下で通貨発行権がない今のギリシャには、この道筋は望めません。国民へのサービスを削ってでもひたすらに予算を切り詰め、あとは「これ以上切り詰めたら国が持たない」と訴えて負債の減免を求める以外に方法はありませんでした。本当は共通通貨であっても通貨発行は可能ですから、ユーロを刷ってギリシャ国債を買うことで救済も可能でしたが、そんなことをしたら他の国々も救済しなくてはならなくなるのでできませんでした。また、裕福なドイツ、フランスや北欧諸国からの財政援助も期待されましたが、それは各国の納税者が納得せず、結局ギリシャは苦しみ抜いたわけです。まことに気の毒な展開でしたが、通貨発行権を持ち、自国通貨建て国債の日本とでは条件が違い過ぎて、とても「日本がギリシャみたいになる」とは言えないのではないでしょうか。

成長を諦める身勝手

そしてもう一つ、「今は成長の果実を分配する時代ではなく、負担を分かち合う時代だ」というタイプの言説にも異議があります。この言説の根底には、「日本はもはや成長できないのだから、成長を当てにして借金を返すことはできない」という考えがあります。しかしながら、実感がないようなほんのわずかな経済成長でも政府債務の削減が上手くいった時期がありました。それが、２００３年から07年までの期間です。

政府債務の規模の目安としてプライマリーバランス（基礎的財政収支）というものがあります。これは、歳入総額から国債等の発行（借金）による収入を差し引いた金額と、歳出総額から国債費等を差し引いた金額のバランスを見たものです。あえて家計に例えれば、住宅ローンは脇に置いて、今の収入で日々の生活をどう賄えているのかを見るようなもの。プライマリーバランスが黒字であれば、入ってくるお金で出ていくお金を賄えているわけですからこれ以上債務は増えません。したがって、財政の健全性が高いとされています。

もちろん、プライマリーバランスがマイナスであってもだんだんとマイナス幅が縮んでいけば健全な方向に向かっているということで、ある程度市場から信用されることになります。

さて、前述の2003年から07年は、このプライマリーバランスが急速に改善したのです。02年に対GDP比マイナス5・5％だったものが、03年度マイナス5・3％、04年度マイナス3・8％、05年度マイナス2・6％、06年度マイナス1・6％、07年度にはマイナス1・2％にまで縮まり、黒字まであと一歩のところまで来ました。ざっくりと日本のGDPは500兆円と考えても、02年に30兆円近くあったものが07年度には7兆円ほどに縮まった計算です。

ではこの期間に日本がどれだけ成長したのかといえば、実質で03年度2・0％、04年度1・7％、05年度2・0％、06年度1・4％、07年度1・2％。ならせば年2％前後です。そして、この数字は実質経済成長率の前年度比。実質経済成長率から物価の変動を差し引いたもの。では、名目経済成長率を見てみると、03年度0・6％、04年度0・7％、05年度0・8％、06年度0・6％、07年度0・4％となっています。普通は、実際の金額の積み上げである名目成長率の方が高く、そこから物価上昇率を差し引いた実質成長率は低く出るものなのですが、この00年代半ばの時期はデフレ期真っただ中。名目経済成長率引く物価上昇率（デフレの場合はマイナスの数字）で、

国・地方の基礎的財政収支（対GDP比）の推移

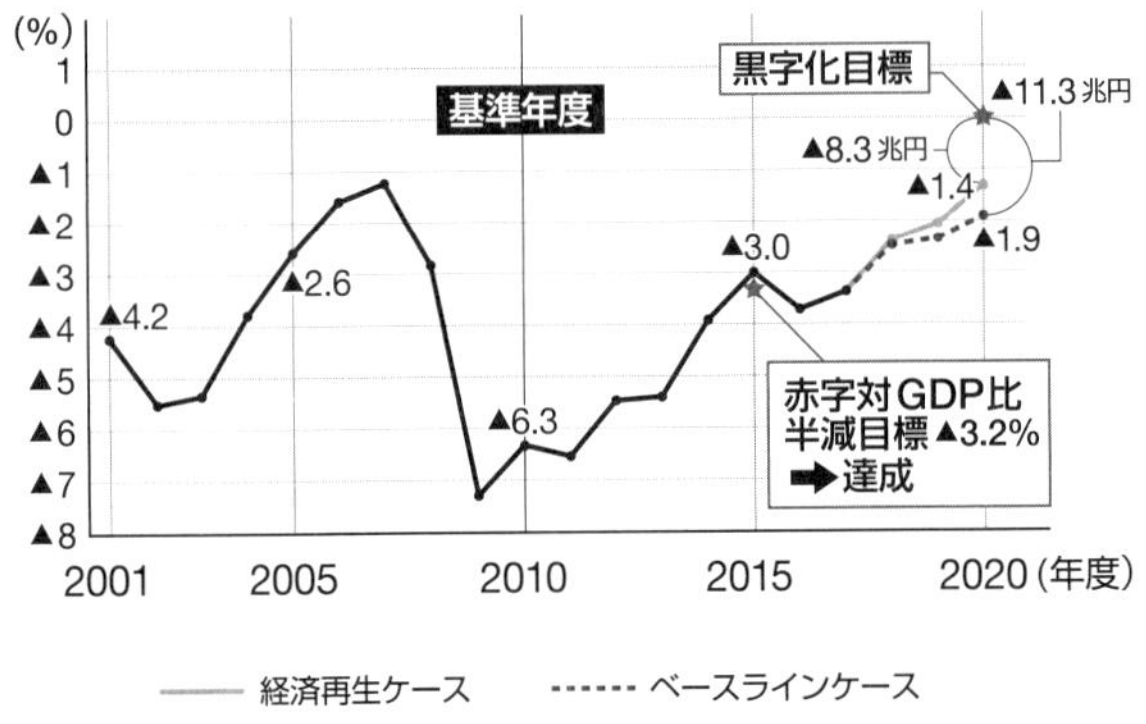

※財務省「日本の財政関係資料」等をもとに筆者作成

マイナス引くマイナスはプラスゆえに実質経済成長率の方が高く出ています。いわゆる〝名実逆転〟というものです。

実際の経済活動は物価の変動の影響を当然受けていますから、名目の経済成長率の方が実感に近いものになります。その名目で1％に行かない微々たる成長でも、プライマリーバランスは大きく改善したわけです。高度経済成長期の7％、8％という数字でなくとも、たった1％前後でも十分に財政は改善するのです。先進国平均の経済成長率見通しは1・8％ですから、その程度の経済成長を達成すれば十分に財政を改善させることが出来るということ。縷々申し上げてきた通り、2000年代半ばには実感はなくとも財政が改善した歴史がありますし、現在も紆余曲折を経ながらも流れとしては財政健全化に向けてプライマリーバランスは改善してきています。注目したいのは、14年4月に消費税を5％から8％へと増税して財政が劇的に改善したわけではなく、むしろ16年には経済成長率が落ち込み、それに伴ってプライマリーバランスも一時的に悪化したことです。増税推進派の「財政再建のために増税が必要！」という主張がいかに欺瞞であったか、グラフは如実に語っています。

安倍政権は緊縮指向

さて、アベノミクスは「大胆な金融政策（第1の矢）」、「機動的な財政政策（第2の矢）」、「民間投資を喚起する成長戦略（第3の矢）」の3つの政策を柱とするものとしてスタートしました。1本目の矢の金融政策については不完全ながら2000年代初頭から半ばに日銀が〝ゼロ金利政策〟として行い実績があるもの、そして3本目の矢の成長戦略＝規制緩和は行政改革！　構造改革！　など形を変え名前を変えながらずっと受け入れられてきた政策です。一方、平成に入ってこのかた忌避され続けてきたのが2本目の矢の財政出動。これを経済政策のメニューに入れたことで、「アベノミクス＝バラマキ」といった報道が繰り返されてきました。いまだに、年度の本予算が提出されたタイミングや成立したタイミング、それに実際に施行されるタイミングで「過去最大の予算！　バラマキの懸念」といった見出しが紙面やネットをにぎわせます。

「平成最後となった31年度予算案の一般会計総額が初めて100兆円の大台に乗ったのは、31年10月の消費税増税に伴う景気対策を『大盤振る舞い』したからだ。財政再建を主要な目的とする消費税増税がかえって歳出拡大を招く内容となったが、歯止め役となるべき財務省も、悲願の消費税増税を実現するための環境整備だとして黙認した」（『大盤振る舞いで歳出拡大　消費増税でも財政再建進まず　31年度予算案』２０１８年12月21日　産経ニュース）

「政府は二十一日、一般会計の総額が百一兆四千五百六十四億円の二〇一九年度予算案を閣議決定した。来年十月の消費税増税に備えた景気下支え対策に二兆二百八十億円を計上。防衛費は七年連続増額の五兆二千五百七十四億円（前年度比１・３％増）で、五年続けて過去最大を更新した。歳出の膨張に歯止めはかからず、当初予算の段階で初めて百兆円の大台に乗った」（『19年度予算案１０１兆円超　増税対策に２兆円　防衛費最大５・２兆円』２０１８年12月22日　東京新聞朝刊）

では、果たして本当にこの政権はバラマキ体質なのか？　実は、一般会計歳出総額を見ていくと、データのある２０１８年度（平成30年度）決算額までで過去最大は09年度（平成21年度）の１０１兆円。アベノミクスが始まった13年度（平成25年度）から見ていくと、当初の13年度こそ１００・２兆円とかろうじて大台に乗ったものの、その後は90兆円台後半で少しずつ金額を減らしていき、増減ありつつ一度も１００兆円を超えずに今に至っています。

アベノミクスが始まった当初、15か月予算などと銘打って補正予算と本予算を合わせて大きく財政出動したように見せた印象が非常に強かったので（当時は世の中の期待に働きかけるために意図してそうした部分もあるのでしょうが）、いまだにイメージとしての財政拡張路線が独り歩きしてしまっています。その上、社会保障関係費は毎年5000億円前後増え続けていますから、一般会計歳出全体は増やせないということは他に使う予算を削って対応せざるを得ません。そう考えると、この政権はイメージにあるようなバラマキ体質の放漫財政政権ではなく、むしろ緊縮指向の政権であると言えます。となれば、バラマキ批判をするのは全くの的外れで、むしろ経済政策が緊縮指向であることを批判すべきです。

また、右に挙げた一般会計歳出総額のデータは決算時の数字です。マスコミは予算を組んだ時は大きく報道しますが、決算については新聞のベタ記事で触れられる程度です。企業業績については決算を四半期ごとに大きく報じるのと好対照ですが、どちらが現状の把握に役に立つかは言うまでもありません。企業の予算や投資計画をいかに細かく見たからと言って、決算を見ずにその企業を分かったとは言えません。同じことが本来は国家財政にも言えるはずなのですが、どうも報道はそうなっていないようです。だから、現政権の財政政策に関しても見当違いのバラマキ批判が出てくるのでしょう。

経済にも「分かりやすさ」の罠がある

経済の話は数字やグラフが出てくるので難しく感じます。そのため、マスコミができるだけ分かりやすく伝えようとする努力は絶対に必要なことです。しかしながらそれ以前に、マスコミが経済を雑に理解して分かった気になってしまった結果、経済を間違って解説してしまう記事が生まれているように感じます。関連のないデータを連想ゲームのように繋ぎ、時には関係ない政権幹部の発言などを引用して「この言葉が証明している！」と彩りながら、壮大な物語が展開していきますが、経済理論的には全く間違っている……そんな記事（コラムなどに多い）が散見されます。

経済理論には諸説ある部分も多いので、答えは一つではありませんが、〝分かりやすい〟だけで裏付けのない空想のような経済記事はかえって読者、視聴者を混乱させ、結果として批判対象のはずの政権を利しているところがあるのではないでしょうか。

私もアベノミクスが１００点満点だなんて全く思っていません。ただ、雇用の改善などいいところはきちんと認め、一方で緊縮傾向の財政政策を批判しているわけです。特に、2019年10月の消費税増税（8%から10%へ）は、軽減税率やポイント還元制度などの分かりにくさも相まって、最悪手であったと思います。

そもそも、増税分を吐き出してしまうような還元を行うのであれば何のために増税したのか分かりません。

もちろん、増税そのもののリスクを認識していればこそ対策を打ったという部分もあるのでしょうが、だったらやらなきゃいいというのが正直な感想です。増税で景気が冷え込んでしまえば財政再建にプラスにならないことは前述した通りですし、社会保障制度の維持のためというなら増税以外の選択肢をなぜ議論の俎上に載せなかったのでしょうか？

新聞への軽減税率など、もはやメディアに反対を許さないための政治的な産物なのではないかと疑います。政策でメディアを買収するような行為こそ、普段「報道の自由」「表現の自由」を声高に主張する方々が最も忌み嫌うものではないでしょうか？

経済とは経世済民、世を治め民を救うこと。青臭いかもしれませんが、経済についてはそう思って論じていきたいと思います。

7
経済は人命を左右する

就職氷河期世代の人生

２０１９年は平成から令和へと元号が移り変わった年でした。自分の人生と照らし合わせてあんなことがあった、こんなことがあったと思い返した方も多いのではないでしょうか。私の個人的な話をすれば、生まれたのが１９８１年（昭和56年）なので、昭和から平成に移り変わったのは小学校1年生、7歳の時。したがって、昭和の記憶というものは曖昧で、思い出せる記憶の大部分を平成が占めていることになります。バブルの絶頂からスタートした平成でありましたが、幼すぎたせいでその恩恵というものをほとんど感じられぬまま過ごしていきました。

その後気付けばバブルは崩壊。両親は上がらぬ給料をやり繰りしながら私を塾に通わせ、教育を授けてくれました。友人の中には家庭の事情でひっそりと転校する者も。今思えば、経済的な事情から引っ越しを余儀なくされたのでしょう。子供心にも、何かおかしなことが起こっているなぁと、世間の空気の厳しさを肌で感じていました。

そうこうしているうちに、拓銀、山一、長銀、日債銀と、金融機関を中心に名だたる大企業が相次いで破綻。横須賀に住んでいた私にとっては、日産の経営危機が非常に印象に残っています。社宅が近くにあったこともあり、親が日産社員という友人も多かったのですが、工場の移転に伴って転校していきました。そして、その厳しい経済環境の中で何とか大学に入りましたが、先輩たちの就職活動を見るとここでも世間の厳しさを目の当たりにしました。何しろ内定が出ない。団塊の世代の大量退職はまだまだ先の話で、当時は正社員の雇用を維持する代わりに大卒新入社員を極端に絞っていました。仕方がないので契約社員で社会に出たり、大学院に進学したり。そんな話は枚挙にいとまがありませんでした。我々の世代は就職氷河期の只中で必死にもがいていたのです。

このことから、1993年~2004年に社会に出た世代は「就職氷河期世代」、一部では「ロスジェネ世代」とも呼ばれています。社会に出れば出たで上がらぬ給料をやり繰りしながらの社会人生活。当時はブラック企業なんて言葉もまだありませんでしたから、摑んだ立場を守るために必死に歯を食いしばって働く中で疲弊し、メンタルを病んでしまった同世代の話も、やはり枚挙にいとまがありません。

　さらに、社会人5年目ぐらいの時期に世界を襲ったのが、リーマンショックでした。当初は日本経済への影響は軽微だと言われていたはずが、気づけば最も深手を負ったのが日本経済でした。さらにさらに、深手を負った日本経済の中で最も深い傷を負ったのが就職氷河期世代と言えるでしょう。契約社員や派遣社員といった、いわゆる非正規雇用で働いてきた人たちは解雇の憂き目に遭い、「派遣切り」が社会問題になりました。正社員で働いてきた人たちは雇用こそ維持されましたが、仕事にも慣れ脂の乗ってきたところで伸びない賃金、それどころかいつリストラされるかという先行き不透明な雇用環境では結婚・出産といった人生のイベントがいつしかリスクに思えるようになりました。

　就職氷河期世代は、団塊ジュニア世代とも重なり合っています。かつて1990年代に出生率が低下しだした時、いずれボリュームゾーンの団塊ジュニアが結婚・出産適齢期を迎え、出生率は持ち直すと言われていました。ところが、そこにこのデフレ不況が直撃したわけです。当然、出生率は持ち直しの気配すら見せず、日本の人口は減少のスピードが想定よりも大きく加速し、その分年金財政に負荷がかかるようになっていったのです。

マクロ経済の重要性

私の個人的な経験や、私と同世代、就職氷河期世代の目線で平成を振り返ってきましたが、ここで身に染みて感じるのがマクロ経済の大事さです。

何と言っても、個人がどんなに努力しても、その時の経済環境によっては覆せないほどの重いハンデを背負わされてしまうことがあるのです。たとえば、前述したとおり私は1981年生まれですが、これが3年遅いと何が起こっていたか？　就職はリーマンショック直前の2007年頃になり、このころには団塊世代の大量退職が目前だったので空前の売り手市場といわれていました。メガバンクや大手メーカーは新卒を我先にと採りまくり、複数内定の中から選ぶことも出来るという、我々世代からすると考えられないような環境での就職活動が可能だったのです。

一度正社員で採用されれば、その立場は労働法規その他で最大限守られますから、リーマンショックで苦労はしたでしょうが、派遣切りに苦しんだ人たちと比べれば雲泥の差でしょう。ミクロなレベルで資格を取ったり留学をしたりして自己研鑽に励んでも、マクロ経済の環境が大波のように個人を飲み込んでしまうのを（しかも往々にして悪い方に）この目で見てきました。それゆえ、マクロ経済の舵取り《かじと》りを間違うことの危険性を一人でも多くの方にお分かりいただきたいのです。

一つ勘違いして欲しくないのは、私は世代間の対立やルサンチマンを煽りたいわけではないということです。起きてしまったことを消すことはできません。我々世代に降りかかった苦しみを令和の世で繰り返して欲しくないのです。

また、「お前は被害者のように話すが、正社員として就職し、今もその地位を守られているのだから説得力がないではないか！」という批判を受けることもあります。たしかに、私は運よく正社員でニッポン放送という会社にアナウンサーとして採用され、今では自分の番組で発信する機会までいただいています。ただ、私はこの立場を自分の研鑽によって勝ち取ったとは思っていません。「我以外皆師」という言葉がある通り、諸先輩方、同世代の仲間、若い世代の仲間たちが私に様々なことを教え、見せ、気づかせてくれました。この立場を個人の立身ではなく、恩返しとして使うにはどうしたらいいのか？　そんな思いで日々発信をしているつもりです。

その思いの核となるのが、意外と軽視されているマクロ経済の舵取りの大事さなのです。こうした問題においても、議論は戦わせるものではなく、深めるものなのだという考えが必要ではないでしょうか？

経済で人は死ぬ

マクロ経済の舵取りを誤ると個人レベルでどれだけ頑張ろうとも弾き返せないことがある。就職氷河期世代の私たちはそれを身に染みて感じてきました。ただ、こういったことは直面した人たちにとっては切実でも、直面したことのない人にとっては結局自己責任でしょ？　で済ませがちな問題です。どれだけ口で説明しても、文字を尽くしてもわからないものはわからない。そこで、ここは数字に語ってもらおうと思います。次ページのグラフをご覧ください。

このグラフは完全失業率の推移と「経済・生活問題」を原因とする自殺者数の推移を重ね合わせたものです。多少のタイムラグはありますが、完全失業率（年平均）と「経済・生活問題」を原因とする自殺者数の推移がほぼリンクしているということが表れています。つまり、失業率が上がると、自殺者数が増加する。逆に、失業率が下がると自

完全失業率（年平均）と
「経済・生活問題」を原因とする自殺者数の推移

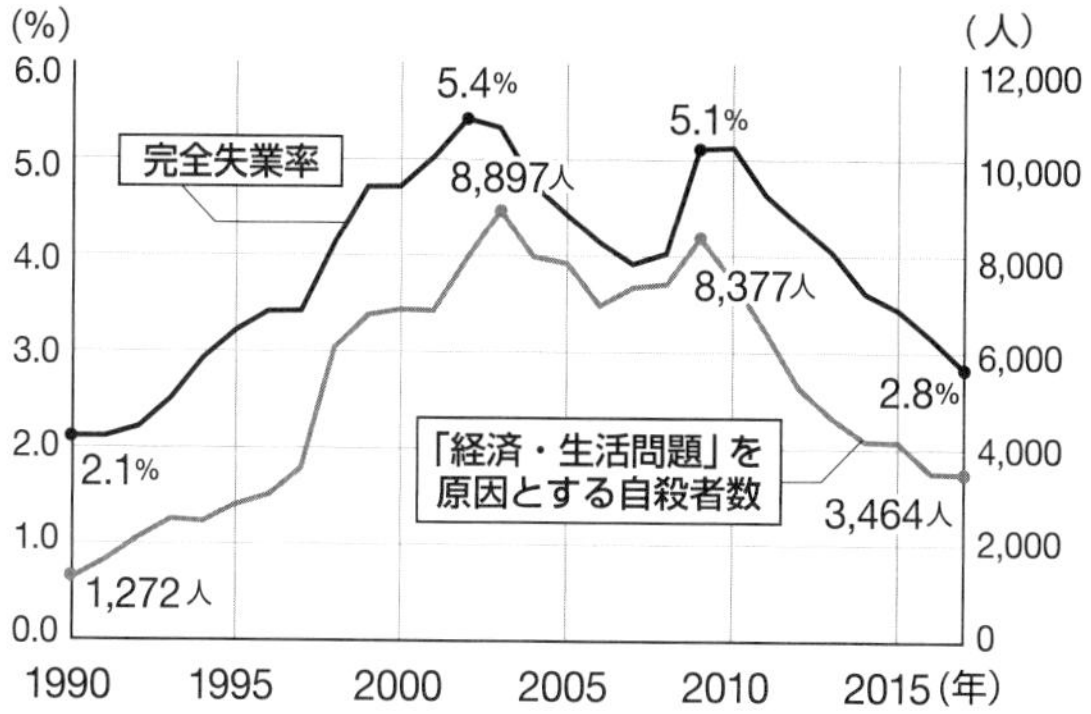

※総務省、警察庁発表をもとに筆者作成

殺者数も減少するということがわかりますね。両変数の差分を計算した相関係数（1に近づくほど正の相関性が高い）は0・74。やはりかなりの連動があることがわかります。

グラフを見ると、1990年からの28年間で過去2度大きな山を迎えています。2003年と、09年。03年はITバブル崩壊後の不景気、09年は言わずと知れたリーマンショック後の不景気です。

そして、足元の数字はどうかというと、失業率、自殺者数ともに1997年以来の低さです。「経済・生活問題」を原因とする自殺者数のグラフの山は2003年と09年ですが、最も急激に自殺者数が増えたのが1997年から98年にかけてでした。では97年に何があったかというと、言わずと知れた消費税の3％から5％への増税ですね。ここから日本は長期のデフレに突入していったわけですが、前出のグラフから読み取れるのは、「デフレは人を殺す」ということです。このグラフでは「経済・生活問題」を原因とする数字のみでグラフを作っているわけですが、自殺者数全体も98年以降3万人を超えていきました。原因の分類は遺書などで類推する他なく、病気や精神的なプレッシャーが原因の自殺も突き詰めれば経済的問題に達するものも多いので、潜在的にはもっと多いと考えられます。

仕事が増えれば自殺者は減る

さて、ここ4年でようやく4000人を割った「経済・生活問題」を原因とする自殺者数。これに間違いなく作用しているのが、金融緩和による失業率の改善です。

これは決して私の独自解釈ではありません。金融緩和で生じたマネタリーベース（日銀が世の中に直接的に供給するお金の量）の増加と失業率の間にはかなりの関連が指摘されています。前述の通り、物価上昇率と失業率の間にはフィリップス曲線と呼ばれる負の相関関係があります。物価が上昇すれば、失業率は低下する、物価が下落すれば失業率が上昇するという関係です。そして、物価を上昇させんがために金融緩和を行っているわけですから、金融緩和→物価上昇→失業率低下というプロセスが成立します。原稿執筆時点で最新の2019年9月の完全失業率は2・4％でした。繰り返しますが、この完全失業率と「経済・生活問題」を原因とする自殺者数にはかなりの連動がありますから、自殺者数の減少は金融緩和の効果といえるのではないでしょうか？　すなわち、「金融緩和→失業率低下→自殺者数の減少」というプロセスです。

金融緩和のマイナスばかり強調するメディア

ところが、こうした金融緩和の光の部分というのはほとんど報じられることがありません。報じられるのは、金融緩和で銀行の経営が苦しくなっているとか、マネーの流れに歪みが生じている、あるいは日銀が買い入れる債券や金融商品が多くなって市場の機能が損なわれているといった批判ばかりです。ただ、日銀の使命は金融機関を儲けさせることにあるのでしょうか？　そうではないはずです。

日銀法によれば、「日本銀行は、我が国の中央銀行として、銀行券を発行するとともに、通貨及び金融の調節を行うことを目的とする」（第1条）と目的を明記したうえで、そのうちの通貨及び金融の調整という機能については、「日本銀行は、通貨及び金融の調節を行うに当たっては、物価の安定を図ることを通じて国民経済の健全な発展に資することをもって、その理念とする」（第2条）とされています。したがって、日銀に求められる視野は金融機関や市場に留まらず、「国民経済の健全な発展」に資するかどうかという極めてマクロ的な視点であるはずなのです。

そう考えると、平成の時代の日銀はけっして優等生とは言えないでしょう。ＧＤＰの推移だけ見ても停滞が続いたということは国民経済が健全に発展したとは言い難い。その上、経済状況が改善されて失業率が改善、自殺者数が減少した2000年代半ばから後半にかけてでも、好景気だったバブル期と比較すると自殺者数は高止まりしていました。しかし日銀は、失業率の改善や物価上昇率の改善を足掛かりに2006年3月にゼロ金利の解除に踏み切りました。つまり金利をゼロから上げる、金融緩和とは逆方向に進むことにしたわけです。

実はこの時の議論と、今言われている「金融緩和を止めよ！」「出口戦略を！」という議論とが瓜二つなのです。ここ数年、2000年代半ばの景気拡大期からリーマンショック前後の日銀の金融政策決定会合の議事録が10年を経過して次々に公開されています。

たとえば、2005年10月12日の議事録。当時の福井俊彦日銀総裁の発言です。

「不動産価格の動向の変化についてはその他の委員からも数人ご指摘を頂いた訳であるが、私自身も耳にするところではやはり都心部の不動産取引の一部について過熱感が明確に出ている。それから株式市場についても、特に信用取引の面で少し行き過ぎが始まっているのではないかという声は耳にする。こうした点も広い意味で物価動向を判断するうえで、きちんと認識を深めていかなければいけない点ではないかと。（中略）如何か。幾つかの論点があるが。この資産取引の過熱感というのは、今の段階でどれ位の温度感を持って考えておかなければいけないかという点が一つあるかと思う。確かに、相当注意しろという忠告を私には頂いている」

不動産をはじめとする物価上昇への警戒感を総裁が表明すると、他の審議委員からもこんな発言が飛び出します。

「今の状況はユーフォリア（筆者注：過度の楽観）的な資産価格の上昇を招く可能性は1980年代後半のバブル期に発生した現象に似てきている。今がバブルと言っているのではは全くないが、そういうことを招きやすいということを、我々は歴史から学び、心していかなくてはならないと思う」（2005年12月16日金融政策決定会合・福間年勝審議委員）

一部審議委員や執行部を除いて量的緩和解除（要するに緩和をやめるということ）、利上げの雰囲気が醸成されていきます。複数の審議委員や執行部から、地価の上昇は東京都心部の一部に過ぎず、全国で見ればまだまだバブルからは程遠いという旨の指摘もありました。が、全体の流れを変えるには至りませんでした。

むしろ、不動産価格という面でなされた議論は、グローバル化の影響で一国だけでは資産価格をコントロールしきれないという中、ロンドン中心部やニューヨークなどと歩調を合わせて今後東京も国際的な投資が集中し、さらに資産バブルが膨らむ懸念についてでした。同じ２００５年12月16日の会合では、次のような発言もありました。

「世界全体で金融政策をノーマライゼーション（筆者注：正常化）しようとしているのは、そういう動きになると思う」

「日本にマッチした金融政策なら良い。日本がやや過度に緩和し過ぎると、他に迷惑を掛けるところが出てくるところは留意する必要がある」（水野温氏審議委員）

ここにあるのは、金融緩和はノーマルではない状態なのだから、早く元に戻さねば、そうしないと世界にも迷惑をかける、という認識です。

今と瓜二つだと思いませんか？　アメリカが金融緩和をやめて利上げに転じているか

ら、日本もそろそろ出口戦略を考えなければいけない。金融緩和というのは異常事態であって、機会を見つけて可及的速やかにやめなくてはならない。10年後の今もまったく同じ議論をしています。

金融緩和は異常なのか

さらにこの議事録の中では、福井総裁が「(量的緩和は)異例な政策、ないし異常な政策」と表現(2005年11月18日会合)。これに対して「『異例』にして頂けないか。『異常な政策』という言葉はかなりショッキングな響きを持つ」(中原眞委員)と批判され、「つい極端な表現を使ってしまうのだが。異例な政策だな」(福井総裁)と返答しています。

そもそも、金融緩和を止めることを「正常化」と表現するあたりから、日銀が伝統的に金融緩和を異端視していることが良く分かるわけですが、本当にこの当時は金融緩和を止められるほど物価が上昇していたのでしょうか?

この当時の物価の変動を見てみると、総合指数も、生鮮食品を除く総合(コア指数)も、食料(酒類を除く)及びエネルギーを除く総合(コアコア指数)も、前年同期比で見ると良くてゼロ、マイナスもザラです。にもかかわらず、「都心部の不動産取引の一部について過熱感が明確に出ている」（前出、2005年10月12日・福井総裁）という理由から、「消費者物価指数の上昇が視野に入った!!」と判断したのです。

しかし数字を見ると、不動産価格の急な動きは都心の一部に限られ、少なくとも全国で見ればバブルのかけらもないわけです。バブル期は都心のみならず郊外、地方部でも不動産価格の急激な上昇があったからバブルだったわけで、今考えると当時の日銀の判断は「羹《あつもの》に懲りてなますを吹く」という諺《ことわざ》を地で行っていたことがよくわかります。バブル期の反省なのか何なのか、バブルの芽とも言えないほど小さな数値の変動であっても「物価上昇のサインだ！」と、捉えて潰すというのが日銀の本能のようです。そして現在の日銀法では、日銀がこのような本能をむき出しにしたとき、政府にも国民にも止める術が一つもありません。

政府も日銀に勝てず

その結果、何が起きたか。当時の福井日銀は政府の反対を振り切って2006年3月、金融緩和解除に突っ走りました。金融緩和解除が決まる直前の同年2月9日の金融政策決定会合で政府側出席者の赤羽一嘉財務副大臣は、このタイミングでの金融緩和解除に暗に反対しています。

「我が国経済の現状をみると、1月27日に公表された12月の消費者物価指数（全国、除く生鮮食品）においても、11月に続き、極めて小幅ながら前年同月比プラスとなり、デフレ脱却に向けた改善が見られるものの、一方ではGDPデフレータなど、他の物価関連統計を含め、物価についての基調やその背景を総合的に考慮すると、デフレ状況は、緩やかながらも、依然として続いているものと考えられる。景気回復を持続的なものとするとともに、デフレからの脱却を果たすことは、政府・日銀が一体となって取り組むべき最も重要な政府課題である。これを確実なものとするため、金融政策運営において、デフレ克服に向けて手を緩めることなく取り組んで頂くとともに、経済・物価情勢について総合的に考慮し、慎重なご判断をして頂きたいと考えている」

中央銀行の独立性を考えると、「慎重なご判断をして頂きたい」というのが精一杯の表現だったと考えられます。当時は前年の２００５年9月に郵政解散があり、小泉政権が大勝。内閣支持率も高く、力のある政権であったにもかかわらず、金融政策に対して政府は意見を言うのが精一杯。もちろん、政権与党も無力でした。

この早すぎる緩和解除、要は引き締め政策が物価の足を引っ張り、消費者物価指数は総合で2006年度プラス0・2％、07年度プラス0・4％。日銀が政策目標として掲げていた生鮮食品を除く総合指数（コア指数）で見ても06年度プラス0・1％、07年度プラス0・3％。当時はコア指数でゼロ以上という低い目標でしたから目標を達成したと言い張れるわけですが、これでは景気が落ち込んだ時には脆弱でした。

金融緩和解除後の議事録を見ると、伸びない物価と個人消費に相当悩んでいたのが分かります。が、一度金融緩和解除に舵を切ったために戻ることも出来ず、消費者物価指数の上昇率はゼロ近傍をウロウロしました。当時の日銀執行部の判断は裏目に出たといっても過言ではないでしょう。我が国はデフレ脱却に失敗したわけです。回復の兆しをみせていた失業率は上昇、自殺者数も再び上昇していったのは、前掲のグラフが示す通りです。マクロ経済政策の失敗は、ことほど左様に国民の生活に直撃してくるわけですね。

ダブルスタンダード

今再び金融緩和の出口戦略が議論されています。しかし、すでに日銀は出口戦略を密かに始めているという疑惑があります。日銀は年間80兆円を目途にすると打ち出しているにもかかわらず、実は最近では、これをはるかに下回る額しか長期国債を買い入れていません。最新の数字として２０１８年度（平成30年度）の数字を示しておきましょう。

「日銀が５日公表した営業毎旬報告によると、３月末時点の長期国債の保有残高は４５９兆５８６２億円だった。前年同期に比べ、33兆１８８億円増えた。増加額は２０１７年度（49兆４２３２億円）から減少した」（『日銀の長期国債保有額、33兆円増の４５９兆円18年度末』２０１９年４月５日　日本経済新聞電子版）

２年ほど前には、年間80兆を目途に長期国債を買い入れるという金融緩和姿勢を見せながらも実績が伴わない日銀を「ステルス・テーパリング（隠れ金融引き締め）」などと言っていましたが、もはや公然と金融緩和の減速を行っているわけですね。これ、言っていることとやっていることが違うわけで、ある意味市場との対話において偽りを言っていることにはならないのでしょうか？

就任当初、市場の予想をはるかに上回る大規模な金融緩和政策を行った黒田東彦《はるひこ》総裁のサプライズ的な手法について、「市場との対話を著しく欠いている！」と批判的な論者が数多くいました。

「かつて『サプライズ効果』に金融政策の有効性を求める考え方があった。しかし現在では、金融政策の意図や先行きなどを説明して理解を得ることで、市場、そして経済に影響を与えるべきだという意見が世界の中央銀行には多い。１９９８年に施行された新日銀法も、日銀の独立性とともに透明性をうたう。

サプライズ効果を一概に否定するわけではないが、日銀には、今の政策がどういう仕組みで２％の物価上昇につながるのか、経済の状況がどう変われば政策変更がありうるのか、丁寧に説明する責任がある。『サプライズ』に頼っていては、いずれ黒田総裁の言葉に耳を傾ける人はいなくなるだろう」（『（社説余滴）日銀総裁の説明責任　小陳勇一』２０１４年11月11日　朝日新聞朝刊）

「丁寧に説明する責任」を求めていた人たちが、金融緩和の原則を日銀が説明しないことには実に寛容だと最近感じます。

自分たち（あるいはメディアの情報源たる関係者）にとっての主張に沿わない政策に対しては大批判をするのに、自分たちや情報源の主張に沿う政策であれば多少信義にもとるような振る舞いであっても不問に付す。これではダブルスタンダードと言われても仕方がありません。

もちろん、日本には言論の自由がありますから、金融緩和の手じまいを主張するのも一つの見識です。その根拠が金融機関への配慮であったり、国債の信認が保たれない！という主張であったりというのも見識でしょう。

ただ、金融緩和を手じまいするとなると、縷々述べてきたように失業率やその先にある自殺者数にまで影響を及ぼす可能性があることまで意識しているのでしょうか？マクロ経済政策は「こうあるべきだ」で進めると、思わぬ副作用を生んでしまうことが10年前の教訓なのではないでしょうか。

結局、メディアも人間が作っているものだから仕方がないのかもしれません。自分たちが考えるあるべき政策の姿というものを決めて、それに沿えば批判を弱め、それに反すれば大展開して執拗に批判を繰り返す。それも見識ですが、現実に数字が改善していたり、経済が上手く回り出しても自分たちの主張に固執し検証なく批判を繰り返すのは、普段公平・中立を謳うメディアの姿勢として誠実なのでしょうか？　現在のメディア環境はあまりに党派的に過ぎると思います。何度でも繰り返しますが、特にマクロ経済政策は失敗すれば人が死ぬのです。その自覚が、既存メディアには希薄な気がしてなりません。147ページのこれらを示すグラフは、大きな戒めであるように私には見えます。

8　「メディアは反権力であれ」への懐疑

権力との向き合い方

「はじめに」でも書いたように、「飯田は政権に甘すぎる」と言われることがあります。先輩から、「メディアってもんは、権力を監視し、常に反権力じゃなきゃいけないんだ！」と説教を受けたこともあります。メディアの中から発信する人間の端くれとして、「権力」との対峙の仕方、向き合い方には常に悩み、迷います。

日航ジャンボ機墜落事故を取材する地方新聞社を舞台に、記者や関係者の葛藤を描いた小説であり、映画やドラマにもなった『クライマーズ・ハイ』（横山秀夫・著　文春文庫）にこんな場面があります。

一報を聞き現場に急行した記者。道なき道を行き、いくつも峠を越えて辿り着いた現場。そこで見たことを現場雑感として本社に送ります。「若い自衛官は仁王立ちしていた」と始まるその文章は、単独機の事故としては航空史上最悪の事故の凄惨な現場と、山・空・雲という自然の平和な光景とを対比させた、哀しくも美しい文章でした。

全権デスクはこの原稿を一面に載せようと割り付けましたが、その後上司が手を回し、新聞をくまなく読む人にしか読まれない第二社会面に追いやられてしまいます。

当然憤る全権デスク。上司に理由を問うと、上司は事も無げに、

「決まってるだろう、新聞が自衛隊のPRをしてやる必要はないからだ」

当時、1980年代半ばのマスコミの空気というものをこれほど的確に表したフィクションはないように思います。

平均的なマスコミの立ち位置は真ん中よりもやや左。権力の意のままに動く暴力装置である自衛隊など賛美するのはけしからん。

しかしながら、完全に権力と対峙して角突き合わせるわけではなく、事故の3日後には地元選出の総理の靖国神社公式参拝と、それを一面にしては対立する派閥の元総理の顔が立たないという、権力への忖度で紙面を差し替えるという姿勢を見せます。

上州戦争とも言われた当時の政治世相を表現しつつ、マスコミと権力との距離感を如

実に描いたシーンです。

反権力の不安定さ

建前の反権力。これがいかに不安定であるかを示したのが、政権交代でした。今まで、権力側がやることなすこと全てに反対であり、野党を陰に陽に支持していたのが、政権が交代した途端に、今まで支持してきた政党を批判できるのか？ 「メディア＝反権力」という原則に従えば、政権交代が起こった瞬間から180度主張を転換して旧野党である政権党批判に回らなくてはいけません。しかし、そこはそれまでの濃密な付き合いもあるし、そもそも今までと真逆の主張をするというのは人間として違和感があります。

我が国では長く自民党政権が続いてきました。その結果として、反権力＝反自民党・与党という作法がマスコミの半ば常識のように捉えられてきたわけです。とにかく政権を批判しておけばマスコミとして権力を監視しているような気になります。なんでも反対ですから、政策を隅々まで細かく見つめる必要はありません。どこか一点、文句を付けられるアラを見つければそこをとっかかりにして批判を展開することが可能です。一度そうして批判を始めれば、あとは政権側の反論を待ち、それに対して再批判を繰り返せば世論がついてくる。反論の態度が悪ければしめたもので、本論そっちのけで態度が悪い、やはり悪人だと報道をエスカレートさせていくことができます。

特に21世紀になってからニュース番組のみならずワイドショーやバラエティ番組までが政治ネタをこぞって取り上げるようになり、政策の中身の吟味よりも大臣の風貌や雰囲気、態度といったものが重視されるようになりました。結果、あとから議事録を見ると意味不明な答弁であっても、堂々と説得力があるように見えれば何となく世間は納得し、一方でどんなに政策的にまっとうであっても何となくオドオドと答弁していると「怪しい」と世間から見られるようになってしまいました。そして、ひとたび「怪しい」とされた事案について、「いや、そんなことないんじゃないの」と疑問を口にしづらい空気が醸成されます。その「怪しい」対象が、政権与党側だった場合、メディアにいる立場の人間がそのようなことを言うと「政権に甘い」と批判されることになります。

私も最近では、あの加計《かけ》学園問題に関連して、そうした批判やお叱りを受けました。

加計学園問題の記録を読む

２０１７年に起こったいわゆる加計学園問題は、学校法人加計学園が国家戦略特区のスキームを使って愛媛県今治市に獣医学部を新設しようとした際、総理やその周辺の圧力で許認可行政が歪められた、というものです。

「加計学園の理事長が、安倍総理と古くからの友人だったために、無理やり獣医学部の新設を認めた。総理の意向を忖度した文科省が、決定を歪めた。本来ならば新設は認められるべきではなかったし、加計学園に決定したプロセスもおかしい」

テレビ、ラジオ、多くの新聞など、ほとんどのメディアがこのスタンスだったのではないでしょうか。しかし、私は公式の記録を丹念に読んだうえで、そうした見方に懐疑的な視点を伝えました。

実はこうした行政手続きについて、先人の努力もあり今はほとんどの文書が役所のホームページなどで公開されています。ちょっと引用が多く恐縮なのですが、なぜ私がこのようなスタンスをとったのかをご説明するので、お付き合いください。

国家戦略特区では、具体的な制度設計等の検討のためワーキンググループ（ＷＧ）が設置され、ここで関係省庁や提案当事自治体のヒアリングなどが行われています。

総理官邸ホームページ内、『国家戦略特区』ページの中にある国家戦略特区ワーキングループのヒアリング議事要旨を見てみましょう。まず獣医学部新設に関わる、「獣医師の需要」についてどのような議論が交わされたのでしょうか。2015年6月～翌年9月の議事録から抜粋してみます。

『国家戦略特区ワーキンググループ　ヒアリング（議事要旨）』（2015年6月8日）

「○（文科省専門教育課）牧野課長補佐　既存の獣医師養成の分野に関しては少なくとも今足りているというように我々は農水省さんから聞いておりますので、その上で関係者も納得するような、これは新しい構想だというようなものを（筆者注：今治市が）具体的な需要の数までも示した上でお示しいただければ、こちらとしても一緒に検討していきたいということでございます。
○原委員　挙証責任がひっくり返っている。
○八代委員　それは文科省にとってリスクがあるわけですね。需給の必要性ということについて全部農水省に丸投げしておいて、もし訴えられたりしたらどうなるのか」

つまり文科省側は「農水省は獣医学部の需要はないと言っている。もしもあるというのなら、特区を申請している側が示してくれ」と言っていて、それに対してWGの原（英史）委員と八代（尚宏）委員は「それは文科省が責任をもって証明すべき」と言っていたことがわかります。

『国家戦略特区ワーキンググループ　ヒアリング（議事要旨）』（2016年9月16日）

「○（農水省畜水産安全管理課）磯貝課長　農水省のほうとしては、大学・学部を新設されたいということに対しては、特段コメントをする立場にはないと思っております。現実として産業動物、家畜の数というのは需要が伸びていた時代と違いまして需要自体も減ってきていて減少している。また、ペットのほうもある程度飽和してきて犬の数が減ってきているという実態があるという認識をしているだけでございます」

ここで農水省は「獣医学部の新設についてどうこうは言えないが、家畜やペットは減少傾向にあるとは言える」とのみ述べています。しかしこのテーマ、実は、すでに前年の6月にWGで議論されていました。

『国家戦略特区ワーキンググループ　ヒアリング（議事要旨）』（２０１５年６月８日）

「○本間委員　今治市は食の安全とか、人獣共通感染症あるいは越境国際感染症、そうしたものに対する対処が必要であるということを主張されているわけで、それがこれまでの獣医学教育とはかなり違うと私どもは受け取っているわけで、なおかつ、現在の獣医学の教育体制ではカバーし切れないと認識をしている。（中略）

○本間委員　新興感染症だとか、バイオテロだとかという危険が非常に高まっているという意味では、（筆者注：獣医師の）量的な拡大、つまり供給の拡大が望ましいというように我々は受け取っているわけです。

○八代委員　だから、国民の安全に大事だったら、そちらの観点であれば（筆者注：獣医師の）供給側は、むしろ多いほうがいいわけですね。（中略）そのほうが競争を通じて質もたかまるわけですし。

○本間委員（筆者注：国家試験に）合格して生まれた獣医師がどういう活動をして、どのような職についてどういう報酬を得るかというのは、まさに市場の問題ですから、それは前もそういう議論をしたわけですけれども、獣医師の数を規制するという理由はない。規制するというのは全く我々にはわからないということです。獣医学部の段階で規制するという理由は、全く私には理解できないところなのです」

つまりまとめると、農水省は「既存の分野における獣医師は（全体として）足りている。学部新設の是否についてはコメントしない」、文科省は「農水省が足りていると言っている。新しい需要があるというなら、今治市が納得できるデータを示せば検討する」と主張していました。これに対して、WG委員の主張はこうです。「今後の国際的な感染症対策を考えると既存の体制ではカバーできない。獣医師が増えた方が質も高まるはず。獣医学部の数を規制する理由がどこにあるのか」

議論は平行線を辿ります。では、この議論に決着をつけるため「既存の獣医師でカバーできない新しい需要」があるかないか、誰が示すべきだったのか。先ほど掲載した議事録（6月8日）の中にも、文科省が「今治市が示すべきだ」と主張するのに対して、原氏が「挙証責任がひっくり返っている」と述べている箇所がありました。

さらに、その1年3か月後の同じ会議のやりとりにはこんなものがあります。

『国家戦略特区ワーキンググループ　ヒアリング（議事要旨）』（2016年9月16日）

「○八田座長　2015年に、この問題を年度内に検討を行うはずだったわけですから、需要があるないということに関する結論が遅きに失しているのではないかと思うのです。今回、また特区諮問会議でもここが新たな課題として出された以上、本当にこれは早急に御検討をお願いしたいと思います。

○（文科省）浅野課長　既存の獣医師でない構想、獣医師養成でない構想が具体化し、かつライフサイエンスなどの獣医師が新たに対応すべき分野における具体的な需要が明らかになって、既存の大学・学部では対応困難だということであれば、そういったこともしっかり検討していくというつもりでございます。

○八田座長　そうであるかどうかという判定というのはもう今、進めていらっしゃるのですか。それとももう少し提案者等からのヒアリングが必要だということですか。

○浅野課長　恐らくこれは文科省だけでは決められないと思いますので、きちっとしかるべく多分政府全体として、需要と供給の問題も全く関係ないわけではありませんので。

○八田座長　それは関係ないでしょう。文科省は研究が必要かどうか、その観点からやるから文科省に権限があるので、実際の人たちの損得を斟酌するなどということはあり得ないでしょう。文科省は研究の必要性、ちゃんと需要が十分ある研究者を養成するということが必要なら、それは当然やるべきではないですか」

需給の予測については2015年の議論から1年以上が経ち、八田座長から「需要がある・ないの結論が遅い」と言われ、文科省側は「ウチだけじゃ決められませんから」と返しています。そしてこのあと議事録上では、八田座長が「文科省には需給どうこうではなく、日本の研究水準を上げることを第一に考えてほしい」という趣旨の話をしたところで終わっています。今まで獣医師養成一辺倒だった獣医学部設置認可の在り方を変えていくべきであるという特区ワーキンググループ側の意見に対して、イエスともノーとも言わず何もしてこなかったのは文科省の側です。そして、のらりくらりと曖昧な態度を取り続け、時間だけが過ぎていきました。

ところが、この件で、「政権の圧力」説を強く訴えていた前川喜平前文科次官（当時）は2017年6月15日に発表したコメントで「責任を文科省に押し付けるなど言語道断、需給の検証は内閣府がやるべきことだ」と主張しています。『文科省の再調査「文書あったのは当然」前川氏が談話』（2017年6月15日　朝日新聞デジタル）という記事で、前川氏は内閣府に説明してもらいたい点を複数挙げています。そのうちの一つが以下のようなものです。

「国家戦略特区制度の主務官庁は内閣府です。責任を文科省に押しつけるなど言語道断です。具体的に内閣府に説明してもらいたい疑問点は、次のような点です。（中略）Ⅲ．内閣府は、人材需要に責任のある農水省と厚労省を、人材需要の検討に実質的に参画させたのか、特にライフサイエンス等の新たな分野における獣医師の需給についてきちんと検証したのか、検証したのであれば、どの省庁がどのような根拠を示して説明したのか」

文科省と農水省の「獣医師は足りている」という主張について、この場で「既得権益を守るためだ！」と批判する気はありません。考え方が異なる委員らとの議論が平行線になる中で、自分たちが需給予測をさせられそうな流れにあることに、文科省には「なんで俺たちがやるんだ」という不満もあったと推測されます。しかし、需給予測の作業に関して、1年以上も放置しながら、当時の文科次官が後から「内閣府が需給を検証すべきだ」と主張することはアンフェアではないでしょうか。それが文科省の立場ならば、議論の場でそのように主張すればいいのですが、そのような文言は見当たらないのです。

「加計ありき」の実態

「獣医学部新設を認めるのは良いとして、加計学園ありきで進められていたのではないか」

そう言う方もいらっしゃると思います。この「加計ありき」説は次のようなものです。

「京都産業大学も手を挙げた時、新たに『広域的に獣医学部がない地域に限る』という条件が加えられた。これによって結果として京産大が認定されないように計ったのだ」

この条件が決まった経緯について、民間委員は直近の諮問会議で、こう説明しています。

『第30回国家戦略特別区域諮問会議（議事要旨）』（2017年5月22日）

「○八田議員　獣医学部の新設に当たっては、既得権益側が激しく抵抗し、新設するとしても2つ以上は認められないと主張するので、突破口として、まずは一地域に限定せざるを得ませんでした。そうである以上、地域的に獣医学部の必要性が極めて高く、しかも福田内閣以来、永年要求し続けた地域（筆者注：今治市）に新設を認めたのは当然であります。この選択が不透明だなどという指摘は全く的外れであります。むしろこれまでこの岩盤規制が維持されてきた政治的背景こそ、メディアは、究明すべきです。しかし、突破口を作ったことには、大きな意義があります。今後、続けて第二、第三の獣医学部が認められるべきです」

八田氏は、条件を絞り込んだのは、〝既得権益側〟（具体的には日本獣医師会など）の働きかけによるものだといいます。ただ、「続けて第二、第三の獣医学部が認められるべき」だとも述べています。

ワーキンググループの議事録をもとに、条件が絞り込まれた流れを、時系列で辿っていきます。2016年10月、京都産業大学と京都府が国家戦略特区ワーキンググループでプレゼンをしました。

『国家戦略特区ワーキンググループ　ヒアリング（議事要旨）』（2016年10月17日）

「○（京都産業大学）大西副学長　関西の強みを我々獣医学部でさらに強くしていく。その上で、新しい産業のイノベーションを起こしていく。ここにぜひとも貢献したいという思いでおりますので、どうぞよろしくお願いいたします。

○本間委員　御説明いただいたところは全て納得といいますか、私もライフサイエンスの学部におりますので、御主張は全面的に賛同いたすところです。なおかつ、医者と違って獣医師に関しては総量規制をすることは全く必要ないと思っていまして、特区指定のある今治のほうでの提案もあって、文科省等々、相当いろんな議論を詰めてというか、すれ違いが多いのですけれども、やっているところであります。

○大西副学長　文部科学省への事前協議ということでお話をさせてもらっておりますが、今、門戸は開かれていないということで、文科省としては具体的な協議を進めることはできないということで、何回かにわたってお願いをしておりますけれども、そのところではねつけられてしまっているというのが現状でございます。（中略）

なかなか農水省を含めて、獣医師は充足しているという論法の中で、これ以上獣医学部をつくる必要はないんだというお話で終わってしまっているという状況になっているということです。

○本間委員　文科省としてはニーズがあれば今の体制の中で十分やれるから、定員を増やす根拠はないと言うわけです。私たちはそうではなくて、獣医師の新しい研究には新しい研究なりの体制と人員の確保というのはどうしても必要だという主張をしていますが、ずっとすれ違ってきています。（中略）ほかの獣医学部等が新しい研究ニーズにどう対応しているのかということを聞いてみて、連携できるかどうか検討する。そうすると、どこでも大学としては定員を増やしたいという声があがるかもしれない。しかし、獣医師さん自身は決して増やしたいとは思っていないですね。獣医師会含めて。そこのすみ分けといいますか、研究ニーズと獣医師の数の問題について、もう少し詰めた議論と、特区で突破するときのある種決め手といいますか、そのあたりの戦略をお互いいろいろお話しさせていただいて練っていければと思います」

委員は、京都産業大学の提案に「全て納得」「全面的に賛同」と絶賛しています。「文科省にはねつけられてしまっている」という京産大の副学長に「戦略をお互い練っていきましょう」とまで言って、後押しする気満々です。

しかし、その1か月後の2016年11月、国家戦略特区諮問会議で、「広域的に獣医師系養成大学等の存在しない地域に限り獣医学部の新設を可能とする」ことが決まりました。京都産業大学の提案に「全面的に賛同」していた、少なくとも2015年の段階から「獣医師の数を規制するという理由はない」「数が増えれば競争によって質が上がる」と主張してきたWG委員たちが、なぜ政府と一緒になって、京産大を排除する条件を加える必要があるのでしょうか？

一方、実質的に獣医学部新設条件を絞ることになった2016年11月の「広域的に獣医師系養成大学等の存在しない地域に限り獣医学部の新設を可能とする」決定について、苛烈に反応した人たちがいます。2か月後、2017年1月付の日本獣医師会会長のコラムです。

『会長短信「春夏秋冬（42）」「獣医学部新設の検証なき矛盾だらけの決定に怒り」』（日本獣医師会HPより）

「残念ながら本年最初の会長短信は、極めて不条理なお知らせから始めなければなりません。（中略）11月9日、国家戦略特区諮問会議が開催され、『広域的に獣医師系養成大学等の存在しない地域に限り獣医学部の新設を可能とするための関係制度の改正を、直

ちに行う。』ことが決定されました。（中略）
私や日本獣医師政治連盟の北村委員長を始めとした本会の役職員は、できれば獣医学部新設決定の撤回、これが不可能な場合でもせめて1校のみとするよう、山本幸三地方創生担当大臣、松野博一文部科学大臣、山本有二農林水産大臣、麻生太郎自民党獣医師問題議員連盟会長、森英介同議員連盟幹事長など多くの国会議員の先生方に、本会の考え方にご理解をいただくよう奔走いたしました。
このような皆様方からの多数の反対意見、大臣及び国会議員の先生方への粘り強い要請活動が実り、関係大臣等のご理解を得て、何とか『1校に限り』と修正された改正告示が、本年1月4日付けで官報に公布・施行されました」

「広域的に」という条件をさらに厳しく、「1校に」限定したのは日本獣医師会の「要請」によるものであることが正直に書かれています。
「広域的に」という条件による獣医学部新設の絞り込みを望んだのは、政府でしょうか？　WG委員でしょうか？　記録を冷静に見る限り、獣医学部新設に反対する獣医師会への「配慮」によるものだった、と考える方が自然であると思います。

公の記録をもとにした流れを整理すると、次のようになります。

・今治市は長年、獣医学部を地元に作りたいという意向を持っており、国家戦略特区を利用して、加計学園の獣医学部を新設しようと運動をしていた。

・これに対して文科省や農水省は消極的な姿勢を示し「需要があることを今治市が立証すべきだ」と主張していた。

・国家戦略特区WGで議論をする委員からは「需要がないというのならば、それを文科省が示しなさい。WGとしては、獣医学部の新設を妨げる理由はないと考える」という意見が出された。

・文科省はこの意見に対して特に何もしなかった。当時のトップである前川氏は、「内閣府が示すべきだ」と後になって主張しているが、当時はそうした意見は文科省側からは一切出ていない。

・いよいよ新設が認められそうになったが、近くに競合する獣医学部がないこと、という条件が加えられ、さらにその後「1校に限り」という、より厳しい条件になった。これは獣医師会からの要望を汲んだものと見られる。

・WGは、さらに獣医学部を増やすことが望ましいという見解を示している。

この流れを「総理の意向による加計学園への不公平な利益誘導」というのは無理があるのではないか、と私は考えました。WGの委員らは安倍政権が任命していますから、国家戦略特区制度による規制緩和に対して前向きなのは当然で、それを飛び越えて「全委員が加計学園ありきで集められたグル」というようなストーリーは、さすがに陰謀論的な飛躍だと思うのです。

加計学園を巡るこの問題、国会等での政府の対応のマズさが、不透明感と事態の悪化を招いたのは間違いありません。しかし、ご紹介した議事録を読んでいただいて、皆さんはどう感じるでしょうか（もしも、「飯田は都合のいいところだけつまみ食いしている！」とお疑いの方は、原文をご覧になってみてください）。

2017年当時、夕方のニュース番組「ザ・ボイス　そこまで言うか！」を担当していて、この話題を何度となく取り上げました。その度に議事録その他公開文書を読んで素直に考えればこういう結論に達するのではないかと申し上げましたが、その度に、この章の冒頭にあるような言葉、「飯田は政権寄りだ」「ニッポン放送は政権べったりだ」

といった批判を浴びました。是々非々で冷静に話しましょうといっても、親権力か反権力かという二項対立でモノを考え、「味方でなければすべて敵」とばかりに他者を分類する人の多いこと多いこと。

政権にすべて反対でなければ政権寄りととらえられてしまい、「批判もしているハズなのに……」と内心切ない思いを抱いていました。現安倍政権が長く続く間に、そうした極端な敵味方の色分けをする場面が増えてきたようにも思えます。

私は決して、政権のやることに何でも賛成しているわけではありません。特に消費税増税については、反対意見を番組でも繰り返し強く述べてきました。それには根拠があり、確信があったからです。前の章でも書いたように、アベノミクスについてもおかしいと思ったことは指摘してきました。

一方で、安全保障政策などについては人から見れば「政権寄り」と思われることもあったかもしれませんが、これもまた根拠と確信に基づいてのことです。

ハッキリ言って、「何となく反権力」のスタンスで一貫していたほうが、楽なのです。一々考えなくてもいいですし、さほどの根拠を示す必要もありません。膨大な文書全部に目を通すことなく「トップにいる人間こそ己に厳しくあれ」といった一般論を語ればいいのです。

しかし、そんな「政権批判」は実は権力側にとって痛くもかゆくもないうえ、私たちの生活を向上させることに何ら貢献しないのではないでしょうか。「権力の監視」とは、何でもかんでも批判をすることではないはずです。

幸いなことに、ニッポン放送ではニュースに対する私のコメントについて、会社としてのおとがめが上司から来たことはありません。このことは『クライマーズ・ハイ』の時代よりも自由だと言えるかもしれません。

9 それでも現場に行く理由

震災で失墜したメディアの権威

２０１１年3月11日に発生した東日本大震災、それに続く福島第一原子力発電所事故。この災害は日本のメディア環境にも大きな影響を与えました。

政府発表、それを報じる新聞、テレビ、私の働くラジオも含め既存のメディアの信用がガラガラと崩れ落ちたのです。

当時興隆し始めていたソーシャルネットワーキングサービス（ＳＮＳ）で個人が情報を発信しました。

玉石混淆の中ではありましたが、猪瀬直樹東京都副知事（当時）のような行政の中枢にいる人や原子力関連の専門家がネットを通じて積極的に発信し、既存メディアの不十分な部分を突いていきました。

そして、その情報が「ただちに影響はない」と言っていた政府公式発表以上の信憑性を持ちました。

特に原発事故に関しては政府発表やメディア報道の楽観的な見通しが悉《ことごと》く外れ、ネットで発信している専門家たちの悲観的な見通しが現実のものとなるのを見て、「メディアの報じていることは正しい（はずだ）」という旧来の常識が完全に崩れたのでした。

既存メディアは公式発表が間違ったものを出すはずがないと考え、報道し続けました。

「政府発表が怪しい、他の可能性も考えた方がいいのではないか？」と既存メディアの記者が考えたとしても、平時の常識では政府公式発表に間違いはないのが前提ですから、「それを突き崩す確たる証拠は何なんだ？」とデスクに問われたときに返す言葉がありません。

「仮に政府発表が間違っていたとしてもそれは政府の責任で、書いた我々メディアは責任を問われることはない。締め切りも迫っている。証拠がないなら（＝ウラが取れないなら）発表通りに報じろ！」

当時も今もメディアの端にいる人間としては、そうしたやり取りが行われていたであろうことも想像ができます。

何も読者や視聴者を進んで欺いてやろうというようなものではありません。もっと人間的な、小さな自己保身と組織の論理がメディア本来の役割を蝕んでいたのでした。

一方で、特に当時東日本に住んでいた人たちからすれば、原発事故に関する情報は自分や子・孫の命や生活に関わる重大な情報ですから、その見通しを外し続けるなら信用を失って当然です。

3・11を境にして、ネットに触れていた層を中心に既存メディアはその信頼感を著しく失い、結果としてネットで自分から情報を取りに行き既存メディアを信頼しない層と、変わらずに既存メディアを中心に情報を受け取る層に分かれていきました。

「取りに行く」のか、「受け取る」のか。

そして、情報に対する能動性が、選ぶメディアの違いになって現れました。

「取りに行く」層は既存メディアに失望し、ネットに活路を見いだそうとします。

が、こちらは玉石混淆。自分が信頼する専門家などを個別にフォローしていくことで信頼性を担保しようとしますが、これを一つ一つやっていくのは非常に手間がかかります。

そこで、ここにこんな記事がありますよ、これは読んでみる価値がありますよ、と紹介する、いわゆる「キュレーター」たちが登場します。

キュレーターがその人なりの価値観で選ぶ記事ですから、キュレーターと趣味が合えば情報のゲートウェイになりうるわけですね。

「ザ・ボイス」で目指したもの

私が2012年の1月から担当したニュース番組、「ザ・ボイス　そこまで言うか！」は、世の中がまさにそうした情報のゲートウェイを求めるムードの中で生まれました。

既存のニュース番組の「公平さ」を、本当に信じていいのだろうか？　という猜疑心があった中、この番組は毎日一人のコメンテーターと私で、選んだ七つのニュースを議論。コメンテーターなりの切り口、ニュースの見方を解説してもらうというスタイルでした。

コメンテーターはそれぞれに一家言ある人たちですから、当然その見方は独特。しかし、3・11以降、「一見、公平」であることよりも、発信する人間が責任をもって本音で意見することに重きを置き、いろいろな見方、オピニオンを聞いて自分で判断したいという人が増えたことに狙いを定めた番組でした。

ただ、コメンテーターがそれぞれに意見を表明する際、根拠を示してもらわなくてはリスナー側も判断のしようがありません。

番組では一つのニュースに対して長めに時間をとって、感想だけに終わらせず根拠を含めて論理を説明してもらうようにしましたが、コメンテーターの皆さんには負担のかかる構成だったと思います。

出演されたコメンテーターの方々には、この場を借りて厚く御礼申し上げたいと思います。彼ら・彼女らなくしてあの番組は成り立ちませんでしたし、その番組を6年3か月担当したことで私自身も大変に勉強させてもらいました。

主張には根拠が必要

さて、3・11後のメディア環境の話のはずが個人的な担当番組の話になりましたが、右に書いた通りこの番組は3・11後の世論の変化によって生まれた番組だと思います。

特に、当時の番組スタッフやコメンテーターの方々と常日頃話し、意識していたのは

「主張」と「根拠」です。

「主張」の部分はコメンテーター個人から発するもので、我々が関与するものではありません。

一方で、我々番組の作り手としてはその「根拠」の部分、主張の理由をはっきりと話してもらうことを意識して議論したつもりです。

まぁ、普段、既存メディアに触れていてはお目にかかれないような切り口に出くわすわけですから、人間の自然の心理として「どうして？」と聞きたくなりますよね。それを愚直に繰り返してきたというのが、やっていた身としての感想なのですが……。

「エビデンス？　ねーよそんなもん」と逃げずに、根拠を追求していく努力が、番組の信頼感を生んでいったのかもしれません（一応説明を補足しておけば「エビデンス？ねーよそんなもん」というのは、朝日新聞の高橋純子さんという記者がエッセイで用いた表現です）。

現場取材が必要な理由

「主張」と「根拠」。

これを見いだすためには、私自身も現場での取材が欠かせません。特に、災害報道では現場と現場から離れた放送スタジオとの間で、相当な空気感の違いが生まれてしまいがちです。

そのギャップを少しでも埋めるためには、現場に足を運ばなくてはいけません。メディアに向けられる批判の中で「わざわざ大変なところに行って、困っている人たちを邪魔するんじゃない」というものがあります。この批判はおっしゃる通りだと思います。しかし、それでもやはり我々は現場に行く必要がある、と私は考えています。

そのことを改めて感じたのが、２０１９年9月9日、関東地方を直撃した台風15号による被害のレポートを「OK! Cozy up!」で伝えた際です。この台風は千葉県を中心に停電、断水、通信障害などの大きな被害をもたらしました。

このときの報道ほど、現場とスタジオの空気感の違いを突きつけられたことはありません。特に、千葉県という都心からも近い場所で起きた災害であればこそ、むしろ現場に行く大切さを思い知らされ、様々な気づきをいただいたのです。

私自身、駆け出しのころからずっと中継コーナーのレポーターを担当していたこともあり、千葉県各所はそれぞれに馴染み深い土地であります。

また、ニッポン放送のＡＭ電波送信所は、甚大な被害が出た千葉県木更津市にあります。台風で停電し、非常用発電機で放送を継続しましたが、発電機も停止。一時、都内の予備送信所から放送し、その後、木更津市からの放送を再開しました。

そして、送信所があるということは、普段、千葉ではニッポン放送が良く聞こえるということ。千葉県には沢山のリスナーの方々がいて、メールやツイッターで切実な被害の現状を伝えてくれました。

電柱が根本から折れ、暴風で屋根が飛ばされ、ガラスが割れた写真などを添付して、「停電がこんなに長引くとは！」「停電で家畜を涼ませることも搾乳もできず、このままでは死んでしまう！」「どうして、この惨状を報道してくれないのか⁉」などと、憤りを通り越して、慟哭《どうこく》のような声がたくさんありました。

千葉県は非常に広く、都心に近い市川市から房総半島南端の南房総市や館山市までの距離は優に１００キロを超えます。発災当初、房総半島南部を中心に県都・千葉の一部に至るまで63万軒を超える停電となりました。

初動の遅れについては、自治体、特に千葉県が批判されています。たしかに自衛隊への支援要請が遅かったことなどは記録として残っていますから、なぜ遅れたのか疑問を持つのは当然のことです。一方で、発災直後からの停電は情報収集に困難をもたらしました。昔と違い固定電話であっても停電すると使えなくなってしまいますし、基地局が停電でダウンすれば携帯電話も使えなくなります。こうしたことなどが重なり、情報収集が相当困難だったのは想像できます。現場の自治体も同じで、被害状況の把握はおろか、職員同士の意思疎通もままならなかったのではないでしょうか？

私は発災5日目にようやく被災地の南房総市などに入って取材することができたのですが、その時点でも停電や通信障害は一部に残っており、電話を使ってのやりとりができない地域がありました。

東京では台風が去った翌日にはいつも通りの生活が戻っていただけに、5日目にして携帯・スマホを使えない環境が残っていたことに驚き、いかに情報収集が困難を極めたのかがありありとわかりました。

停電が長引き、被害が長期化するにつれ、初動の遅れなど犯人探しが始まるのはどんな災害でも見られますが、まだ事態が収拾していないなかで犯人探しに血道を上げ、肝心要の復旧復興を妨げるのはいかがなものかと思います。

往々にしてそういうときには、復旧復興に当たる役所やインフラを担う電力会社などが槍玉《やりだま》に挙げられるケースが多く、結果として余計な負担を増やしてしまいがちです。

また、そのような世間の目にさらされると、復旧に当たるインフラ関係者や現場の自治体職員の方々はフル回転、不眠不休に近い精一杯の対応をしてしまいますし、サービスを受ける側もそれで当然だと思ってしまいがちです。「OK! Cozy up!」でも当時、連日地元の市長さんに出演してもらいましたが、声の調子から疲労のほどが伝わってくるようでした。

停電がこれほど長引いた原因に挙げられているのが、山間部での送電網の寸断と、倒木や土砂が復旧作業を阻んだ点です。当初から自衛隊はこの道路啓開に当たっていましたが、17日に自衛隊・東電共同調整所を設置してからスムーズに進むようになったそうです。これは、県内6ヶ所の東電の事務所すべてに自衛隊から連絡調整チームを派遣し、情報収集から作業計画立案まで一体で関わるというもの。この日未明から、約3000人規模での継続的な活動が可能となりました。そして、決まったことを即座に行動に移せるよう、連絡調整チームのトップとして1等陸佐を派遣したそうです。1佐クラスだと連隊長レベルになりますから、だいたい500人規模を動かす現場指揮官として適任。現場の電気工事のノウハウは東電の技術を活かしながら、情報収集ではドローンなどを使って把握した現場の詳細な状況を集約し、現場部隊を機動的に運用する。さらに樹木の伐採に関しては林野庁や環境省からも調整所に人員を派遣してもらい多角的に検討したそうです。今までは地方自治体と連携することはあっても、自衛隊から民間企業にこれだけ大規模に人員を派遣するというのはあまり例がありませんでした。その裏では河野太郎防衛大臣が着任早々リーダーシップを発揮したとも関係者から聞きました。

また、最前線で活動する約3000人に加えて、ローテーション実施を含め最大1万人で対応できる態勢を確立していました。私は特にこの部分に感じ入りました。というのも、災害対応でとかく注目されるのは現場の頑張りですが、そのフル回転は限られた期間しか維持されません。不眠不休は美談になりますが、一方で活動の持続性を考えれば一人がフル回転で頑張るよりも組織全体が常に回転しながら個々人は適度に休める環境が最適なはずです。超人的な一人よりも、平均的に働ける十人の方が最終的に多くの仕事ができます。そのためには、適切に休める環境を作ることが必要であり、前線で活動する3倍の人員を確保したというのは誠に理に適っています。3分の1が休養し、3分の1が訓練し、残りの3分の1が前線での活動に当たるわけです。この点は自衛隊のみならず、企業や自治体の災害への備えという点でも非常に参考になると思います。

「そんなに人員や設備に余裕なんかないよ」と言われそうですが、むしろこれだけ災害が頻発する昨今、今までのように平時でもギリギリの人員や設備で乗り越えていけるのか？　多少コストが増えてもリスクを多目に見積もらなければならなくなっているのかもしれません。

設備投資や人件費などの固定費はデフレ下の90年代以降、削減することこそが善という意識が広がりました。私が大学で教わったのも、いかに固定費を削減するか、そのためには積極的なアウトソーシングの活用や原価計算の厳密化が必要だといったことでした。いかにして稼ぎを最大化するのかよりも、いかにして出ていくお金を最少化するかに血道を上げていたということです。

たしかに、それまでどんぶり勘定だった交際費を適正化することや汚職・癒着の温床になっていた不明朗な調達を正すのは必要なことでした。しかしながら、当初はそうした不適切な支出を無くして成長のために投資をするのが目標だったものが、いつの間にかコストを減らすことそのものが目的化していきます。折からの株主の権利を保護しようという動きとも連動し、浮いたお金を利益として計上し、株主配当として還元することが経営者の至上命題となっていきました。

これに関連して、停電がいまだ続いていた9月12日、日本経済新聞朝刊に非常に示唆的な記事が載っていました。

「**東電、送電投資抑制響く　千葉停電　復旧あす以降　老朽電柱に想定外の強風**

東電は送電や配電設備に1991年には約9千億円を投じていたが、2015年には約2千億円にとどまっている。耐久性があると判断した電柱への投資を先延ばししてやりくりした結果だ」

記事では東日本大震災と福島第一原子力発電所事故の賠償で経営が厳しくなり、設備投資を抑制したように書いてあります。それも一つのファクターでしょうが、数字の比較はバブル崩壊前後の1991年と2015年。ということは、バブル景気の後の不景気が長く続く中で、東電が徐々に設備投資余力を失っていき、ついに4分の1以下にまで落ち込んでしまったことを示しています。

固定費削減のプレッシャー、設備投資の後回し、それを現場の創意工夫と心意気で何とか回す……。長期デフレの日本では、東京電力だけでなく、官民問わず様々な現場で見られることです。そして、現場の意地で維持してきたシステムが、台風15号のような大きな負荷がかかったときについに崩壊してしまうということが白日の下に晒されたということなのではないでしょうか？

大きな災害が起こると、行政の不手際や初動対応の在り方が厳しく問われます。実際にこの後開かれた臨時国会で野党はそうした主張をしていました。が、それと同時に、あるいはそれ以上に問題なのが、こうした社会全体の制度疲労なのではないでしょうか？　こうした長期的な議論こそが被害を最小限に食い止めることにつながるのではないか。現場で感じたことです。

現場は常に問いかけてくる

本当に、現場は様々なことを投げ掛けてくれます。

本書の執筆が最終段階を迎えた２０１９年10月、台風19号が東日本を縦断し、70を超える河川で堤防が決壊、90人を超える方が亡くなりました。この災害でも、当初は首都圏の被害がクローズアップされ、次いで千曲川決壊現場に報道が集中しました。新幹線の車庫が水没した映像が当時、台風の被害を象徴するものと捉えられたからです。

ただ、被害が深刻な地域は別にもありました。福島県や宮城県にまたがる阿武隈川流域です。中でも宮城県丸森町は町の大半が浸水し、孤立。その様子は3日後あたりからさかんにテレビで中継されるようになりました。「水・食料」と地面に書かれた文字が深刻な被害を伝え、また大都市・仙台からのアクセスが比較的容易であったことも注目された理由なのかもしれません。

しかしながら、実は死者数が最も多かったのは福島県で、32人を数えました（11月14日現在）。須賀川市では堤防が決壊、郡山市では住宅地のみならず県内有数の工業団地も大規模に浸水。取材に入りましたが、郡山市の住民の方々は堤防も決壊していないのにどうして浸水したのか、それも、近年排水工事を行ったばかりだというのに……と途方に暮れた様子でした。

住宅地を取材すると、そこでは住民の高齢化、老老介護という元々あった社会問題と災害が重なったときの問題の深刻さが浮き彫りになっていました。お話を伺ったお宅では70代の夫婦が90代の母親を介護していました。1階が徐々に浸水してきたとき、母を連れて外へ出るという選択肢はすでになく、2階へ避難しましたが、もし水が2階まで来ていたら為す術もなかったと語ってくれました。福島・宮城・岩手の台風19号による

阿武隈川決壊の現場

死者のうち8割が60代以上とされています（10月20日　河北新報）。堤防等のインフラ整備と並行して、いわゆる災害弱者に対して事前の避難などどう対応すべきであったのか？検証が必要であると強く感じました。

特に災害の直後などに現場に行くことについて、救助活動の妨げになるといった批判もあるでしょう。私自身、先日の台風19号の取材では堤防決壊の現場に向かっていて、危うく堤防から車ごと転落しそうになりました。細心の注意を払って取材をすることはもちろん、人命に関わることには配慮が必要であることは言うまでもありません。しかしながら、災害や著しい人権侵害、大事件が起こっていても、それをメディアが十分に報じなければ世の中に知れ渡らず、なかったことになってしまう。千葉を中心にした令和元年の台風15号災害はそのことを思い知らされた災害でした。発災直後、都心では電車が止まるといった交通支障はありましたが、それが収まればまた日常生活が始まっていました。同じ時期に千葉県では停電が続き、普段と同じ社会生活を営むのが困難になっていました。

スマホの電池が切れてしまえば、現地にいる人たちが起こっていることを外へ発信することも出来なくなってしまいます。結果、台風15号の被害に対する評価が現場と都心のスタジオで大きな差となって現れ、スタジオの私は現場の空気と著しくかけ離れた放送をしていました。インターネットがこれだけ普及し、1億総発信者とも言える時代になりましたが、電気が失われればまったく発信できなくなります。ネットの脆弱さとともに、メディアが報じないことのリスクをまざまざと見せつけられました。

現場に出ていくことは、その空気の差を埋めることにもなります。淡々と、起きていることをお伝えするために、私はためらわずに現場に出ていきたいと思います。

おわりに

私は2004年にニッポン放送にアナウンサーとして入社しました。スポーツ実況がやりたくてアナウンサーを志したのですが、制作部に配属され、7年ほど朝や夕方の番組の中継レポーターが仕事の中心でした。2012年1月に夕方4時からのニュース番組「ザ・ボイス　そこまで言うか！」が始まるまでは報道の現場に関わったことはほとんどありません。あったとしても、選挙特番で事務所から様子をレポートするぐらいだったので、番組が始まってしばらくはコメンテーターの方々の話についていくのが精一杯だったことを覚えています。ただ、「報道とはかくあるべし」というセオリーを知らず、白紙の状態（要するにズブの素人だったわけですが……汗）から始められたことが功を奏したのか、結果的に「ザ・ボイス」はラジオ番組として独自のポジションを築けたように思います。

世の中におけるマスコミやマスコミによる報道の立ち位置が、インターネット、とりわけSNSの普及によって大きく変わったことはすでに繰り返し述べてきました。その変化は、東日本大震災や政権交代のような大きなニュースによって一気に動いたというよりは、常に変わり続けていて、いまだ過渡期であると私は考えています。

ネットは玉石混淆、マスコミは玉、といった見られ方も今は昔となりました。ネットは石があるのもその良さなので玉石混淆のままなのですが、マスコミが玉という前提は、少なくとも視聴者・読者側からはほぼ失われたと言っても過言ではないでしょう。かと言って、ネットとマスコミのどちらが上という話ではなく、すべてが同列になりつつあるのではないでしょうか。

そんな変わりゆくメディア環境の中でどういったニュース報道番組を作っていくべきなのか……？　素人の私がぶつかりながら、もがきながら辿り着いたのが、出来る限り自分で取材し、現場に足を運ぶということでした。

「そんなこと、記者のハンドブックの1ページ目に書いてあるような基本のキだろ？」と思われるかもしれません。しかし、ラジオはともかく分業制が進んだ昨今の新聞・テレビなどの大手メディアでは、ジャンルの違う様々な現場をつまみ食い的に取材するのは一部遊軍記者を除いて珍しいようです。結果的に、その隙間に私自身の居場所を見つけることができました。

取材に行き、名刺交換をすると「アナウンサー」という肩書を見て大抵の人が驚きます。

「アナウンサーが自分で取材しているんですか？」

そう聞かれることもしばしばあります。たしかに、テレビのアナウンサーとラジオのアナウンサーで仕事の内容もずいぶん違います。また、一口にテレビのアナウンサーといっても局によってカラーもあり、東京のキー局と地方局ではだいぶ違うのでしょうが、ラジオの場合はさらに独特かもしれません。「OK! Cozy up!」は2時間の番組ですが、台本と呼べるものはA４で10枚もありません。あっても、段取りが書いてあるだけで、そこから先何を喋るのかは私や日替わりのコメンテーターといった出演者に任されています。任されるということは、自分で考え、必要があれば自分で原稿を書いて喋っていかなくてはいけないということです。

一方で、テレビ、ラジオといった既存メディアにはルールがあります。自分の判断で自由に喋っていいと言われても、それは公共の電波を使った放送ですから、放送法４条にある規定を意識しなくてはいけません。

「第四条　放送事業者は、国内放送及び内外放送（以下「国内放送等」という。）の放送番組の編集に当たつては、次の各号の定めるところによらなければならない。

一　公安及び善良な風俗を害しないこと。

二　政治的に公平であること。

三　報道は事実をまげないですること。

四　意見が対立している問題については、できるだけ多くの角度から論点を明らかにすること。」

まず大前提として、第３号に違反して事実を曲げて報道するわけには絶対にいきません。しかし、何が事実なのかを日々判断するのは難しい。ただし、自分の経験はかなり信用できます。自分が見た、聞いた、感じたことを「こんなものを見ました」「こんな話を聞きました」「そこで私はこう感じました」ということは、私の責任において伝えることができます。

ニュース番組でこれを実践するためには、とにもかくにも取材しに行く以外方法がない。もちろん、手足となってくれる記者やスタッフを従えて、彼ら・彼女らが上げてくる原稿通りに喋ればＯＫという人もいるでしょうし、そのような番組もあるでしょうが、ラジオは良く言えば少数精鋭、はっきり言えば常に人手不足です。取材する人間は一人でも多い方がいい。であれば、私も現場取材の一人として動こうじゃないか！　そう思って今日も出かけて行くのです。まぁ、机に向かって何かするというよりも現場に出かけて行って人に話を聞いたり、見たりする方が性に合っているというのが本当の部分なのかもしれませんが……。

さて、今放送法の第４条について触れましたので、この本のまとめも兼ねてその他の号についても触れておきたいと思います。上記放送法４条の２号および４号が、ニュース番組をやる上では非常に意識されます。特に、選挙が近づき公示、または告示されるようになると放送局内で様々なお達しが出たり、場合によっては制作者を集めて社内講習会が行われたりします。

何だかんだで8年近くニュース番組を担当していますと、番組で選挙に関する話題を取り上げたり、また投票日当日に選挙特番を担当したりします。様々なスタッフと雑談したり打ち合わせたりしますが、皆選挙の前は言葉一つ一つにまで気を遣います。別の言い方をすると、選挙や政治の話を放送することに対して非常に怖がっているのです。

もともと選挙期間中は、世間の政治に対する興味が高まる時期なので選挙について取り上げたいと思うものです。しかし、いざ放送に臨むと主張の切り取り方、キャスターやコメンテーターの質問や発言、それぞれの候補者を取り上げる時間の長短などで「公平でない」「政治的に中立でない」と批判が起こります。果ては、公職選挙法違反だ！と非難されることもあり、そこまで言われるくらいなら選挙の話はしない方が無難という空気が流れるのです。

結果、生放送中に私が政党名を出すだけで「選挙期間中ですよ！（政党名を出して議論するのはやめてください！）」とか、政策について論じようとしているのに「選挙期間中ですよ！（政治の話はやめてください！）」とスタッフから注意喚起されます。要は制作現場が萎縮してしまうのです。

また、公平・中立という部分を意識するあまり、すべての政党を取り上げる時間を同じにしなければならなくなり、少数政党乱立の昨今、各政党2分×9党＝18分でコーナーは終了となり、何の議論も深まらないという、何のために放送しているのだかわからない事態に陥ってしまったりもしています。

こうしたことは弊社に特有の現象ではなく、実際、2016年の参議院選挙では「全体の放送量が2割とも3割ともいわれるほど減少した」という批判もありました。

では、公選法や放送法は本当に選挙報道の中立・公平という概念で放送局を規制しようとしているのでしょうか？　ここに興味深い論考があります。BPO（放送倫理・番組向上機構）の放送倫理検証委員会決定第25号「2016年の選挙をめぐるテレビ放送についての意見」。「はじめに」でも少しご紹介したものですが、改めてしっかりとご紹介します。また、BPOのホームページに全文がありますので、興味のある方はご覧ください。

結論から言えば放送局には「選挙に関する報道と評論の自由」があり、選挙に関する報道と評論に求められるのは「量的公平」ではないということが書かれています。公選法には政見放送や経歴放送について、また、虚偽放送の禁止や選挙運動放送の制限といった規定がある一方、151条の3で次のように定めています。

「この法律に定めるところの選挙運動の制限に関する規定（第138条の3〔人気投票公表禁止〕の規定を除く。）は、（中略）選挙に関する報道又は評論について放送法の規定に従い放送番組を編集する自由を妨げるものではない。ただし、虚偽の事項を放送し又は事実をゆがめて放送する等表現の自由を濫用して選挙の公正を害してはならない」

つまり、虚偽放送は論外として、「選挙運動」（候補当選のため投票を促す行為）をしなければ選挙に関する報道や評論は自由にでき、その結果としてある候補や政党に有利不利が生まれるのは事の性質上致し方ないというわけです。

政党の名前が出ようとも、「この党は素晴らしい政党だから皆さん投票しましょう！」とか、あるいは逆に「この党はダメだから投票しちゃいけません！」とか言わない限り、法律上は問題がないということです。放送時間を各党2分で揃えたりすることも必要ありませんし、何なら有力政党5党に絞って放送することも、法律上は問題ないということになります。

ただし、公選法ではなく前述の放送法4条に公平・中立原則という倫理規範があり、公選法の縛りがないからと特定の候補者や政党を長時間特集すると、「果たして公平・中立な放送なのか?」となります。放送法4条が倫理規範であって何か罰則があるものではない以上、公権力からの強制ではなく、放送局はそれぞれ独自に「番組編集準則」を設けて自律しています。批判されても質的に公平に放送し論点を明らかにし、民主主義に貢献しているのだと胸を張って言えるかどうか? 選挙報道をどう作るかは「放送とは何なのか」という覚悟を試されているとも言えます。少なくとも法律上は、「選挙の話をするな」とは求められていないのです。

こうした論点整理がされていながら、どうして選挙前になると制作の現場が萎縮してしまうのか? 「圧力にさらされているのだ」なんて政権批判も交えながら語る人もいらっしゃいます。

私はテレビや新聞の現場を知る立場にありませんから、ひょっとするとそうした大きな媒体では「圧力」とされるものがあるのかもしれません。が、ラジオの現場でそんな口封じみたいな場面に遭遇したことはありません。それよりもむしろ、現場が事なかれ主義に陥ってはいないかを心配します。「選挙前だから」「批判があるから」「放送法があるから」「難しいから」などなど、選挙期間中に政治の話を取り上げない理由（言い訳）はいくらでもあります。選挙期間中のみならず、ニュース番組をやっていると、誰と誰は仲が良いとか悪いとか政局の話は取っつきやすいらしいのですが、政策の話になると途端に「硬い」「難しい」という指摘を受けるようになります。

私の語彙力のなさ、トーク力のなさが原因で、反省しなければならないところが大いにあるのですが、それを承知であえて生意気を言わせていただけば、硬くて難しいテーマだからこそ放送で取り上げる意味があるわけです。人間模様ももちろん面白いし、実際に政策を実行しようとするには車の両輪のように政局がついて回るわけですが、政局だけをやっていては本質を見誤るように思うのです。

青臭い言い方ですが、政策をきちんと吟味することなしに、メディアが民主主義に貢献するなどあり得ないと思っています。そして、政策を吟味するためには、まず提出された法案なり発表された政策なりがどういったものなのかを知らなければなりません。反権力か親権力か、右なのか左なのか、そうした党派性を表に出して批判したり擁護したりする前に、冷静に政策を分析する場が必要なのだと思います。ところが実際には、メディアは初めから立ち位置を決め、お互い遠くから石を投げ合いレッテルを貼り合うという状況が続いています。

インターネットで個人が情報を発信できる環境が整えば、専門家が見解を整理して左右に分かれた議論が収斂していくのではないかと一時期言われました。ところが、同じインターネットを使って左右の孤塁からお互いを激しく罵り合う場面も散見されます。

一方で、テレビや新聞といった既存メディアは東日本大震災以降急速に信頼感を失っていきました。そんな中で、ラジオでニュースを扱う機会を得た私は、そこを市井の問題に詳しい人も含めた専門家が問題を整理し、議論が進むという場にできないかと考えています。テレビや新聞と比べると比較的受け手側（読者・視聴者・リスナー）と距離が近いのがラジオの良さです。かつてはハガキ、ファクス、今はメールやツイッターでリアルタイムにご意見を頂きます。生放送が多く、出演者の喋る時間が比較的長いのもラジオの特徴の一つです。コメンテーターの意見や、問題に詳しいリスナーからのメールやツイッターを紹介しながら問題を整理し、望むべく答えの方向はこちらなのではないか？　と最適解を模索していく。そんな番組をめざして、夕方の「ザ・ボイス」から今の「OK! Cozy up!」に至るまで番組を作ってきました。FM、AMの電波を使ったラジオ放送のみならず、YouTube、Podcast、radikoといったインターネット経由でも番組を聞くことができます。

　また、もっとリスナーの皆さんと深く意見交換する場がほしい、大手メディアやインターネットを通じて様々な言説に触れている皆さんと一緒に考え、直接議論することで妥当な最適解に近づく……そんな建設的な討論空間が出来れば、我が国は分断ではなく包摂へ向かっていけるのではないか、そのように考えて、ネット上のコミュニティ「飯田浩司　そこまで言うか！ONLINE」も始めました。

　有料イベント「飯田浩司　そこまで言うか！THE LIVE」も定期的に開催しています。

　毎日の放送と並行して何かある度に現場へ足を運ぶことを繰り返して間もなく8年となります。この本を書いている2019年の12月にも、香港で80万人を集めた（主催者発表）大規模なデモがありました。私はこの現場にも足を運んできましたが、ここでも日本で報道やネットだけで見聞きするものとは違う光景を見ることになりました。

　中国本土を含む各地へ犯罪容疑者を引き渡すことを可能とする条例への大規模な反対デモが起こった6月以降、香港警察による催涙弾やゴム弾などを使ったかなり手荒な鎮圧手法や不当な逮捕があり、それに対して一部の抗議者が先鋭化し店舗を破壊するなどの暴力行為が発生しました。日本では抗議者の暴力行為の映像が頻繁に流れ、一部の専門家と称する方々は、「市民の気持ちはすでに抗議者から離れているのだ」とも語っていました。

ところが、現場に行ってみると気持ちが離れているどころか、半年経った12月であっても大変な数の人々が黒い服に黒いマスク姿で中心部の公園に集い、そこからデモ行進を始めていました。香港中文大学の研究者・石井大智氏が私のインタビューに「暴力行為には皆が反対しているが、その原因は香港政府にあるとみている人が多い」と語ったように、デモ開始の時間を過ぎても参加者が地下鉄の出口から続々とあふれ出て来て、移動が困難になるほど。

ネットを通じたリアルタイムでの実況中継がいかに充実しようとも、「光復香港！時代革命！」「五大訴求、缺一不可！」を叫ぶ人々の熱気や迫力は現場に出向き、肌で感じるしかありません。そして、その熱気や迫力、現場の空気こそが、起こっている事象の本質を知る手掛かりになるのだと思います。この香港デモの現場を見て、抗議者と一般市民の一体感を思い知らされました。

取材の模様は、朝の番組「OK! Cozy up!」で放送しましたが、かなり多くの反響をいただきました。番組で私が感じた現場の空気を伝えることは、リスナーの皆さんがニュースを考えるヒントにもなるはず。そのように思っていつも現場取材をしています。

私が担当する番組は、夕方から朝へと時間帯こそ変わりましたが、こういった現場へ足を運ぶという積み重ねがあったからこそ、今回本を書かないかと声を掛けられた時にも、現場の話を中心にすれば書けるのかもしれないなと前向きに受け入れることができました。休日の出張取材に送り出してくれた上司や同僚、自身もフルタイムで働いていて、休日ぐらい休みたいだろうに家を空けがちな夫を送り出してくれる妻、たまにしか遊んでくれないお父さんに、それでも（今のところ）なついてくれる4歳半の息子、全く浅学の私に惜しむことなく様々なことを教授してくださったすべての方々に感謝したいと思います。

最後に、「ザ・ボイス」時代から二人三脚で番組を作り、今回の原稿にも容赦なく手を入れてくれたニッポン放送の桐畑行良、番組リスナーでもあり、今回「書きませんか?」とチャンスをくださった担当編集者にはいくら感謝してもし足りません。ものぐさで、かつ鞭を打てども反応の悪い駄馬の私を飽きずに叱咤激励してくれました。本当にありがとうございました。

願わくば、この本が何某《なにがし》かの議論のきっかけになってくれれば幸いです。

「議論は戦わせるものではなく深めるもの」。これをモットーに、今後も続けていきたいと思います。

最後までお読みいただき、誠にありがとうございました。

２０１９年12月

著者

飯田浩司　1981（昭和56）年生まれ。神奈川県出身。横浜国立大学経営学部卒業。ニッポン放送アナウンサー。「飯田浩司のOK! Cozy up!」（月～金曜・午前6時～）のパーソナリティを担当。

Ⓢ新潮新書

846

「反権力《はんけんりょく》」は正義《せいぎ》ですか

ラジオニュースの現場《げんば》から

著　者　飯田浩司《いいだこうじ》

2020年1月20日　発行
2020年1月30日　2刷

発行者　佐　藤　隆　信

発行所　株式会社新潮社

〒162-8711　東京都新宿区矢来町71番地
編集部(03)3266-5430　読者係(03)3266-5111
https://www.shinchosha.co.jp

印刷所　錦明印刷株式会社

製本所　錦明印刷株式会社

ISBN978-4-10-610846-4　C0236

価格はカバーに表示してあります。